# ファースト
# フォロワー
# の
# つくりかた

SHOEISHA

# はじめに

　私はトライバルメディアハウスというマーケティング支援会社で、企業やブランドの「ファン」を生み出すための支援をしています。

　多くのマーケティング予算が広告を中心とした新規顧客獲得に偏重するなかで、自社のファンに目を向け、そのファンを育成していくための考え方をもとに、コミュニティの戦略設計やファンの体験設計、ファンを中心に据えた施策のプランニング、ディレクションを主な業務としています。

　近年、自社のファンに目を向けた施策に取り組む企業が増えていくなかで、「そもそもファンを生み出すためには何から始めたらいいのでしょう」という声をいただくことが増えてきました。そこで、ファンが生まれている特定のサービスに焦点をあて、それらのサービスがどのような手法でファンを生み出していったのかを取材。メソッドとして抽出していくことで、これから新たにファンをつくる取り組みをはじめていく方々へのヒントをご提供したいという思いから、本書を執筆するに至りました。

　しかし、取材を経て見えてきたのは、「手法を抽出しただけでファンを生み出すことはできない」という事実でした。各社の取り組みを要素分解し、それらの最適な組み合わせによってファンを生むための方程式を提示するという当初の目論見は成立しないことが見えてきたのです。

　取材を経て見えてきたのは、各社がいかにファンの振る舞いを細かく捉え、その振る舞いをヒントにサービスの価値を個別の事象のなかからつくってきているか、またその価値をいかにファンと共に伝えるための取り組みを行っているかという2つの視点でした。

普遍的なファンの生成方法があるのではなく、その瞬間その場所だからこそ成立するファンとの営みによって、各社がファンと編んできた網の目のなかで価値が生まれ、その価値を伝えていく努力の結晶としてファンが生まれているということが見えてきました。

　本書のタイトルにもある「ファーストフォロワー」は、そのサービスが好きで応援してくれるファンのことを指しています。そのような存在を各社がどのように獲得し、そのファンといかにサービスの価値を広めていったかというのが本書のテーマです。本書では実際にサービスを展開する企業12社に取材を実施。サービスに対して「価値を見つける」「価値をつくる」という2つのセクションで各社の取り組みについてご紹介していきます。

　本書に期待していただきたいのは、事例把握としてのケーススタディやファンを生み出す手法の参考に留まらず、各社がファンに対してどのような眼差しを向け、自社ならではの考えをどのように手法として結実させたかというプロセスの理解です。

　広告的な手法とは違い、ファンを生み出す活動は企業のマーケティング・宣伝・広報担当者が主体となり、時には自ら顔を出してファンと直接対話をしていくことが求められます。
　その際、自社のファンをどのような存在として捉え、どのような姿勢でファンに向き合うかによって成果が大きく変わります。

　各社がどのような姿勢でファンと接してきたか、その向き合い方とプロセスについて、本書で紹介する事例をもとに、自社のファンとの向き合い方を考えるきっかけになれば幸いです。

# 目次

## 第 **1** 部
# ファーストフォロワーが
# 企業に与える影響

第 **1** 章
## 企業にとって重要な
## 「ファーストフォロワー」

# 第 2 章 ファーストフォロワーの ビジネスへの貢献

第 **2** 部

# 事例で学ぶ
# ファーストフォロワーの獲得・活用メソッド

第 **3** 章 　共 に 価 値 を「見 つ け る」

第 **4** 章　共 に 価 値 を 「 伝 え る 」

第  部

# ファーストフォロワーと 共につくる未来

第 **5** 章　ファーストフォロワーの可能性

# 会員特典データの
## ご案内

本書の読者の方に向け、書籍『熱狂顧客戦略』の試し読み
ページをご用意しました。

会員特典データは、以下のサイトからダウンロードして入手いただけます。
https://www.shoeisha.co.jp/book/present/9784798183053

※会員特典データのファイルは圧縮されています。ダウンロードしたファイルをダブルク
リックすると、ファイルが解凍され、利用いただけます。

### 注意

※ 会員特典データのダウンロードには、SHOEISHA iD（翔泳社が運営する無料の会員制度）
への会員登録が必要です。詳しくは、Web サイトをご覧ください。

※ 会員特典データに関する権利は著者および株式会社翔泳社が所有しています。許
可なく配布したり、Webサイトに転載することはできません。

※ 会員特典データの提供は予告なく終了することがあります。あらかじめご了承ください。

### 免責事項

※ 会員特典データに記載されたURL 等は予告なく変更される場合があります。

※ 会員特典データの提供にあたっては正確な記述につとめましたが、著者や出版社な
どのいずれも、その内容に対してなんらかの保証をするものではなく、内容やサンプ
ルに基づくいかなる運用結果に関してもいっさいの責任を負いません。

※ 会員特典データに記載されている会社名、製品名はそれぞれ各社の商標および登
録商標です。

# 本書内容に関するお問い合わせについて

このたびは翔泳社の書籍をお買い上げいただき、誠にありがとうございます。弊社では、読者の皆様からのお問い合わせに適切に対応させていただくため、以下のガイドラインへのご協力をお願い致しております。下記項目をお読みいただき、手順に従ってお問い合わせください。

## ●ご質問される前に

弊社Webサイトの「正誤表」をご参照ください。これまでに判明した正誤や追加情報を掲載しています。

正誤表　https://www.shoeisha.co.jp/book/errata/

## ●ご質問方法

弊社Webサイトの「書籍に関するお問い合わせ」をご利用ください。

書籍に関するお問い合わせ　https://www.shoeisha.co.jp/book/qa/

インターネットをご利用でない場合は、FAXまたは郵便にて、下記"翔泳社 愛読者サービスセンター"までお問い合わせください。
電話でのご質問は、お受けしておりません。

## ●回答について

回答は、ご質問いただいた手段によってご返事申し上げます。ご質問の内容によっては、回答に数日ないしはそれ以上の期間を要する場合があります。

## ●ご質問に際してのご注意

本書の対象を超えるもの、記述個所を特定されないもの、また読者固有の環境に起因するご質問等にはお答えできませんので、予めご了承ください。

## ●郵便物送付先およびFAX番号

送付先住所　〒160-0006　東京都新宿区舟町5
FAX番号　　03-5362-3818
宛先　　　　（株）翔泳社 愛読者サービスセンター

第 **1** 部

# ファースト
# フォロワーが
# 企業に与える影響

第 **1** 章

企業にとって
重要な
「ファーストフォロワー」

ファーストフォロワーとは
どのような存在か

## 周囲を巻き込む力

2010年に配信された TED Talks のなかに、Derek Sivers 氏による「How to start a movement」というプレゼンがあります。社会運動が起こるきっかけについて解説したもので、当時アメリカ国内でも話題になりました。

図 1-1　徐々に人が集まる様子

出典：TED Talks「How to start a movement」
https://www.ted.com/talks/derek_sivers_how_to_start_a_movement

このプレゼンの冒頭では、とある野外フェスの会場で撮影された動画が紹介されています（図1-1）。その動画は、1人の上半身裸の男性がフェス会場の音楽を聴きながら、少し変わった奇妙な踊りを踊っているところか

ら始まります。最初は1人の変わり者が踊りを踊っているだけなのですが、どこからともなくもう1人の参加者が彼に近寄ってきて、同じような踊りを踊り始めます。そして、後から来た参加者がはじめに踊っている彼の踊りを周囲にアピールするように踊り出し、徐々に周りからその様子を見た人が集まってきます。すると、最初は相手にしていなかった周りの傍観者が、次第に彼の踊りに参加し始め、いつの間にか**「参加しないと損」とすら思わせるような、巨大なムーブメントに発展していくのです。**

　このTED TalksでプレゼンをしているSivers氏は、この動画を例に挙げ、自分が先頭に立ち、周りを牽引するような従来のリーダーシップが過大評価されていることを指摘しながら、最初のフォロワーシップを発揮した人物の重要性について解説をしています。つまり、大きなムーブメントをつくるための着火点として重要なはずの最初のフォロワーシップは過小評価されており、最初のフォロワーシップも、実はリーダーシップの一形態であると述べています。

　Sivers氏は、この最初のフォロワーシップを「ファーストフォロワー」と呼び、社会運動が起こるきっかけとして、その存在の重要性を説いています。

　私は、このTED Talksに登場するリーダーを「サービスを提供する事業者」と捉えたときに、その一番近くにいる「ファーストフォロワー」、つまりは製品・サービスを強く支持している熱狂的なファンの存在に着目しました。本書では、事業やサービスのマーケティング活動の初期段階において、このファーストフォロワーの存在にどのような価値を見出し、その後、ファンと共に顧客全体の体験をどのようにデザインできるのかを、実際にサービスを手がける企業の取材をもとに解説しています。

　冒頭の「How to start a movement」の動画さながら、初期段階でその製品やサービスの魅力に気づき、熱狂的なファンとして振る舞った一番はじめのフォロワーは、時に信じられないほど多くの顧客を連れてきます。これらのファーストフォロワーはどのように行動し、どのようなプロセスを経てさらなる顧客を生み出すに至ったのでしょうか。多くのファンを生

み出す第一歩をどのように踏み出すべきなのか、熱狂的にサービスやプロダクトを愛した最初のフォロワーの行動に着目し、取材を通して明らかにしていきます。

## ファーストフォロワーとは

まず、この「ファーストフォロワー」という存在の解像度を高めるために、本書において前提となる用語の定義をしておきます。そのヒントを得るために、冒頭の TED の動画で 1 人目のフォロワーが示した行動に潜んでいる、示唆深い特徴を見てみたいと思います。

TED のプレゼンテーションをしている Sivers 氏の解説をそのまま引用すると、次の通りです。

最初にリーダーが勇気を持って立ち上がり、嘲笑される必要があります。でも彼の行動に続くのはすごく簡単です。ここで最初のフォロワーが重要な役割を担っています。みんなにどう従えばいいのかを示すのです。リーダーが彼を対等に扱うのを見てください。

今やリーダーは 1 人ではありません。複数になったのです。友達に声をかけていますね。最初のフォロワーというのは過小評価されていますが、実はリーダーシップの一形態なのです。こんな風に目立つだけでも勇気がいります。最初のフォロワーの存在が 1 人のバカをリーダーへと変えるのです。

2 人目のフォロワーが現れました。今や 1 人のバカでも 2 人のバカでもありません。3 人というのは集団であり、集団というのはニュースになります。だから運動が公のものとなります。リーダーだけでなくフォロワーの姿が重要なのです。新たなフォロワーたちはリーダーではなくフォロワーを真似るものだからです。

さらに2人が加わり、すぐ後に3人が加わりました。今や勢いが付いています。臨界点に達し1つの運動になったのです。

多くの人が加わるほどリスクは小さくなります。どうしようか決めかねていた人達も今や加わらない理由はなくなりました。もう目立つことはありません。笑われることもありません。急げばコア集団に入れるかも。

この後しばらくはみんな集団に入ろうとします。加わらない方がかえってバカにされるからです。これが運動の起こし方です。

出典：TED Talks「How to start a movement」
https://www.ted.com/talks/derek_sivers_how_to_start_a_movement

このストーリーを構造的に整理してみると、次の4つのStepに分けることができます（図1-2）。

図1-2　ファーストフォロワーの影響

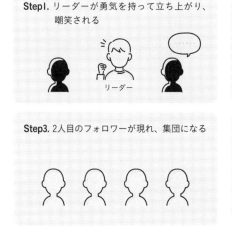

Step1. リーダーが勇気を持って立ち上がり、嘲笑される

リーダー

Step2. リーダーの後に続き、みんなにどう従えばいいかを示す

リーダー　ファーストフォロワー

Step3. 2人目のフォロワーが現れ、集団になる

Step4. 参加するリスクが下がり、加わらない理由がなくなる

上記のプロセスにおいて、ファーストフォロワーが大きく関与しているのは、主にStep1→2と、Step2→3にかけての変化です。

そして、それぞれのプロセスに変化を生み出しているのは、「リーダーとファーストフォロワーとの関係性」と「ファーストフォロワーと2人目以降のフォロワーとの関係性」です。

このプロセスのなかで、ファーストフォロワーはリーダーに追随して価値を受け取るだけの存在ではなく、**その体験の価値を他者に伝え、仲間を呼び込む役割をも担っていることがわかります**（図1-3）。

図 1-3　ファーストフォロワーの2つの役割

## ファーストフォロワーの特徴

ここから、本書では「ファーストフォロワー」の特徴について、次の3つの指標をもとに要件を定義します。

1　関与度
2　好意度
3　影響力

これらの定義をマーケティングにおける顧客の定義と照らし合わせて整理してみます。


1　関与度

まずは、製品・サービスに対する「関与度」が高いという特徴です。特

定の製品・サービスが生まれた段階で、その製品・サービスに対しての関与が高く、リスクを厭わず利用しているという特徴があります。ファーストフォロワーは「イノベーター理論」にあるイノベーターやアーリーアダプターのように、最も近くでその製品・サービスに接して、自ら体験することを厭わない人物です。多くの場合、他者の評判などを気にすることなく、自身の価値基準によってその製品・サービスを利用する傾向にあります。

## 2 好意度

次に、製品・サービスに対する「好意度」です。ただ製品・サービスを率先して利用するだけでなく、それらに好意を抱き、時には積極的に支持してくれる人物です。これは、その製品・サービスを愛し、多く購入してくれたり、長い間利用してくれたりするという側面もありますが、支持してくれているが故に、製品・サービスに対するネガティブな声を届けてくれる存在でもあります。ただし、それは単なるクレームではなく、その製品・サービスに対して期待し、応援してくれるからこその行動がクレームとして現れるケースもあります。

## 3 影響力

最後に、ファーストフォロワー自身が持つ「影響力」です。これは単にSNSのフォロワーが多いという意味ではありません。「関与度」が高く、「好意度」が高いからこそ、説得力を伴った良質なクチコミを生むことができたり、フォロワーが追随するような行動をとったりすることができる、他者に意識・態度変容をもたらすことのできる影響力を持った人物です。

また、この影響力はファーストフォロワー自身が発するクチコミや行動

だけでなく、ファーストフォロワーの生み出すコンテンツを企業が活用することによって影響力が生まれるものもあります。

ここで、ファーストフォロワー＝イノベーター層・アーリーアダプター層と定義付けるだけでは不十分なのかと疑問に感じた方もいらっしゃるかもしれません。

本来、イノベーターやアーリーアダプターは、サービスの初期ユーザーという特性はありますが、そのサービスを好意的に受け入れているかどうかは人それぞれです。

彼らのなかにはただそのサービスを試してみたいだけの一見さんや、サービスに対して評論をしたい評論家、その他サービスへの好意があるかどうかにかかわらずさまざまな人が存在しています。そのため、本書で取り上げる「ファーストフォロワー」においては、必ずしも製品・サービスに関与度の高いイノベーターやアーリーアダプターという括りではなく、そのサービスを好意的に受け入れており、他者を動かす影響力を持ちうるユーザーという定義を加えて解説をしていきます。

## ■ 立場ごとに異なるサービス提供

「ファーストフォロワー」と「イノベーター」や「アーリーアダプター」を一括りに理想の顧客としてしまうと、その後のサービスが発揮すべき価値を見誤ってしまう可能性があります。

たとえば、おやつのサブスクである snaq.me（84 ページ）を運営するスナックミーは、顧客のなかでも特に製品・サービスに対する熱量の高い顧客の行動に着目しました。熱量の高い顧客が持っている特徴をヒントにサービスの体験として落とし込むことで、ファンに支持されるサービスへと発展しています。snaq.me においては仮想のペルソナはつくらず、あくまで**実際に存在する熱量の高い顧客を継続的に観察していくことで、サービスにとっての本当の価値を見定めています。**

他にも、コーヒーのサブスクである PostCoffee は、サービス開始初期

に獲得したユーザーに対して、サービスの価値がフィットしていないことを発見しました。その後、数々の検証を経てサービスを支持してくれるファーストフォロワーを獲得し、その顧客にフィットしたサービスを追求しています。

イノベーターやアーリーアダプターの初期ユーザー全てを重視すべきお客様と捉え、**全てのお客様に可能な限りおもてなしをしようとすると、サービスそのものの価値がブレてしまう**ことが往々にしてあるのです。

サービスに信頼を寄せてくれているファーストフォロワーを定義し、寄り添うことは、そのサービスにとって**本当に大切にすべきお客様は誰なのか**を見定めることにほかなりません。また、そうすることによって、サービスの本当の価値を研ぎ澄ますことにつながるのです。

## 1-2 ファーストフォロワーは共に「価値」をつくる存在

### ■ サービスの「価値」は誰がつくっているか

ファーストフォロワーをより解像度高く捉えるうえで、もう1つ押さえておくべきポイントがあります。それは、**ファーストフォロワーによるサービスの「価値」への貢献**です。

ここで、マーケティング活動における「価値」について少し触れておきたいと思います。一般的に製品・サービスの「価値」とは、顧客が知覚する「効用」と「費用」の差分といわれています。つまり、顧客が対価として支払う費用よりも効用が高ければ高いほど、価値の総量が増すということになります。

そのうえでさらに考えたいのは、この「価値」はいったい誰によってつくられているのかということです。価値の定義は、サービスに内在する「効用」と顧客が対価として支払う「費用」の差分ですから、価値をつくっているのはサービスを提供する事業者だ、と思われるかもしれません。

しかし本当にそうでしょうか。次の例を見てください。

・気に入っている時計のブランドを、自分が持っているイメージと異なるYouTuber が愛用品として紹介していた
・気になっている化粧品のレビューを Instagram で見たら「買ってよかった」というクチコミが多く目に入って、買いたくなった
・駅前にできた落ち着いたおしゃれな雰囲気のカフェに大きな声で会話をしながら居座り続けるお客さんがいた

これらは、日常生活でよく見かけたり、出くわしたりする場面かと思い

ます。いずれも製品・サービスの価値が情報として伝わっていますが、こ
れらの場面で提案されている価値は、企業が全て提供しているものではな
く、**顧客との関係性のなかで生み出されているものといえます。**特に、
人々のクチコミが SNS などで大量に可視化される現代において、それは
より顕著になっています。

## 企業と顧客の共創

　「世界で最も影響力のあるビジネス思想家」にも選ばれた C.K.Prahalad
氏と Venkat Ramaswamy 氏の『コ・イノベーション経営』(2013 年、東洋経
済新報社) では、ビジネスは従来、「価値を創造するのは企業」という発想
から出発していたことから、**企業がどのような製品やサービスを提供する
かの決定権を持っており、消費者はそれを受け入れる立場だったという前
提が、時代と共に変化してきていることを指摘しました。**

　そして、「価値とは消費者と企業が共創するものだ」という点を大前提
とし、共創経験が価値の土台となりながら、価値創造のプロセスは個人と
その共創経験を中心に回っていくという考えを提唱しました (表 1-1)。

| | 企業と製品を<br>ベースにした価値創造 | 個々の消費者と経験を<br>ベースにした価値創造 |
|---|---|---|
| 価値とは何か | 価値は製品やサービスと結び付いており、製品やサービスを軸に競争が展開する | 価値は経験と結び付いており、製品やサービスの役割は、個人やコミュニティの経験を後押しすることにある。消費者経験を軸に競争が展開する |
| 企業の役割 | 価値の中身を決め、消費者に提供する | 個々の顧客を巻き込んで独自の価値を共創する |
| 消費者の役割 | 企業の提示する製品やサービスを受け身で購入する | 積極的に価値を探し、創造し、手に入れようとする |
| 価値創造の<br>考え方 | 価値を想像するのは企業である。消費者には、多彩な製品・サービスの中から、どれかを選ぶ余地が与えられている | 消費者が企業や他の消費者とともに価値を共創する |

表 1-1　企業と個人の価値創造の違い
出典：『コ・イノベーション経営』

　これは、サービスのつくり手である企業だけが、自分たちで事前に定義した価値をそっくりそのまま顧客に提供することがいかに困難か、さらには**サービスが価値を受け取った相手に伝わった瞬間に、その価値はコントロール不能なものになるのか**を突きつけています。

　製品・サービスをつくって、それを売るまでのプロセスだけを見ていくと、確かにその製品・サービスの価値は企業が構築したバリューチェーンのなかでつくられているように見えます。しかし、製品・サービスが顧客の手に渡った後の体験にまで視野を広げると、その価値はもはや企業だけが定義しているものではなく、顧客も積極的にその価値の定義に参加している様子が見えてくるはずです。

## 企業と顧客がお互いに見えていない「価値」

　製品・サービスの「価値」は企業と顧客の関係から成り立っていくとい

う前提に立った場合、お互いがその価値をどのように捉えているのか、さらに具体的に見ていきたいと思います。

　企業と顧客それぞれの視点からサービスの「価値」に目線を向けると、企業と顧客でお互いに価値が見えているものと、そうでないものが存在していることがわかります。

　特にサービスの初期段階においては、企業が自身のサービスの顧客にとっての価値を定めることが容易ではなく、顧客のフィードバックによって価値が少しずつ定まっていくのが一般的です。顧客との関わりのなかから価値が共につくられていく過程では、企業ははじめから提供すべき価値を明確にできているとは限りません。

　表 1-2 は企業と顧客それぞれの視点から、自身がサービスの価値を知っているかどうかという軸で整理したものになります。

| | | 顧客 | |
|---|---|---|---|
| | | 知っている | 知らない |
| 企業 | 知っている | a<br>企業も顧客もサービスの価値が明確になっている | b<br>企業は提供すべき価値が明確だが、顧客に伝わっていない |
| | 知らない | c<br>企業の知らないサービスの価値を顧客が発明・実践している | d<br>現時点で企業も顧客もサービスの価値を知らない |

表 1-2　サービスにおける企業と顧客それぞれの認識の違い

　このうち、「a 企業も顧客もサービスの価値が明確になっている」場合は、企業として伝えるべき価値と顧客の受け取っている価値が合致しており、双方の期待値に差がない状況を指しています。これは**一見企業にとっても顧客にとっても理想的な状況に見えますが、サービスの価値をここの領域に限定されてしまうと、他社との差別化が難しく、価値が共創される状況にはたどりつきません。**

次に「 b 企業は提供すべき価値が明確だが、顧客に伝わっていない」場合はどうでしょう。この領域は、企業側で定めている価値があるにもかかわらず、顧客にその価値を知ってもらったり、理解してもらったりできていない状況を指しています。**企業は顧客に価値を届けられるように、コミュニケーション方法を検討し直すことが必要になってくるでしょう。**

　続いて、「 c 企業の知らないサービスの価値を顧客が発明・実践している」場合を見てみましょう。この領域では企業が想定していないような価値を顧客が感じ取り、顧客によって価値が発明・実践されている状況を指します。この領域では、**顧客の行動を観察し、顧客からサービスに対するフィードバックを得ることで明らかにしていくことが必要になります。**

　最後に、「 d 現時点で企業も顧客もサービスの価値を知らない」場合です。これは、顧客にサービスを受け入れられている状況ではありますが、企業も顧客もその価値がどこにあるのかを明確に定められていない状況を指します。ですが、果たしてそのような状況が実際にあるのでしょうか。
　先にも紹介したスナックミーでは、snaq.me の体験のどこで顧客が価値を感じていたかを顧客との対話を通じて考察した結果、実は snaq.me のおやつを食べる瞬間だけでなく、その瞬間と同じかそれ以上に、おやつが入ったボックスを開封する瞬間も価値が高まっているのではないかという仮説を導き出しました。
　スナックミーでは、サービスを好きで継続している顧客に繰り返しインタビューを実施。顧客のサービス体験を丁寧に紐解き、顧客がどのような瞬間で価値を感じているかを分析していきました。それは顧客が自ら「ここに価値を感じる」と明言してくれるものではなく、顧客の行動の背景にある欲求を探ることで明らかになっていきました。
　そして、おやつの箱を開ける体験がもっと楽しくなるようにボックスのデザインに工夫を凝らしたり、おやつのボックスが自宅に届いた際に箱で遊べる体験を提案したりしています。これは、当初スナックミーも顧客も

どちらも自覚していなかった潜在的な価値を発掘することに成功している例といえます。

## ▌潜在的な価値の検証

　このように、企業と顧客の双方にとって、まだ発掘されていない重要な価値がサービスの体験のなかに潜んでいることがあります。これは**顧客がそもそもその価値を自覚していないケースがあるため、単に顧客に直接ニーズをヒアリングするだけで明らかにすることは困難です**。そのために顧客、特にファーストフォロワーと継続的な対話をしながら潜在的な価値について仮説を立て、繰り返し検証していくことが重要になります。

　a bとc dの間で価値を生み出す主導権が企業の手から離れていくことがわかりますが、このように企業と顧客の視点から、サービスの価値がどのようにつくられ、その価値をどのように明らかにしていくかを検討していく必要があります。

　中でも本書のテーマであるファーストフォロワーと共にc dの領域における価値をつくっていくことが、そのサービスならではの価値をつくるうえで不可欠になります。

# ファーストフォロワーとの関わり

## 共に価値を「見つける」「伝える」

　ファーストフォロワーの大きな役割は、**そのサービスを提供する側ですら見えていなかった価値を共につくり、未来の顧客にその価値を伝えること**です。そして、ファーストフォロワーは企業を応援してくれる存在に留まらず、企業と共に価値を「見つける」、さらにその価値を「伝える」という2つの役割を見出すことによってビジネスに貢献してくれます。

　この2つの役割について、少し詳細に見ていきましょう。まず、ファーストフォロワーが持つ役割について整理するために、サービスのグロースにおける重要な概念を前提として解説をしたいと思います。

　サービスがグロースするプロセスにおいて、サービスが顧客のニーズを満たし、正しい市場にいる状態を PMF（Product Market Fit）といいます。一般的に、サービスを開始した当初は顧客への価値が定まらないため、すぐに売れるわけではありません。顧客の声を聞き、サービスを改善していくことによって PMF に到達します。

　PMF に到達したときの兆候と、到達していないときの兆候として、表1-3 のように整理できます。

| PMFに到達している | PMFに到達していない |
|---|---|
| 顧客に提供できる価値を明確に説明できる | 顧客に提供できる価値を明確に説明できない |
| 競合に比べて選ばれる理由を明確に説明できる | 競合に比べて選ばれる理由を明確に説明できない |
| 顧客からの喜びの声が届く | 既存顧客などからの紹介が発生していない |
| 顧客が他の顧客を紹介してくれる | 問い合わせが発生していない |

表 1-3　PMFの兆候

参考：https://markezine.jp/article/detail/40162

　サービスをグロースさせるためには、とにかくPMFにいち早く到達することが至上命題ですが、PMFに到達するためには顧客のニーズを適切に見極める必要があります。しかし、前述したように顧客は必ずしも自身のニーズを自覚しているとは限りません。そのため、サービスの提供者と顧客の双方で価値を定めていくプロセスが重要になるのです。この過程で、ファーストフォロワーがサービスに感じている価値を、企業が「見つける」というプロセスが不可欠になります。

　ここでは、**サービスを提供する側が価値を固定化するのではなく、ファーストフォロワーとの関係性の網の目のなかで、価値を紡いでいく**考えが重要です。

　まずはファーストフォロワーと価値を「見つける」プロセスについて整理していきましょう。

## ファーストフォロワーと価値を「見つける」

　ファーストフォロワーと共にサービスの価値を見つけるためには、まず彼らの声に耳を傾け、その行動を観察する必要があります。今回、複数の企業の取材を経て見えてきたのは、サービスの価値の発見において、ファーストフォロワーと価値を見定めるプロセスを丁寧に設計している企

業が多いという結果でした。

　重要なのはサービスを受け入れてくれた顧客のうち、「誰が」「どのような行動をしたか」を適切に見定めることです。先述したように、ファーストフォロワーは初期購入者であれば誰でもいいわけではありません。購入した結果にはさまざまな理由や背景が存在します。そのサービスが好きで買ってくれたのか、試しに買ってみただけなのか、サービスを試した結果を評論したいという理由なのか、いずれにせよ初期購入者にはさまざまな顧客が内在しています。

　そのなかでも、トライアル顧客や評論家ではなく、サービスに対する関与度が高く、その価値を好意的に受け取ってくれているファーストフォロワーに注目する必要があります。

　次に、彼らの行動に着目します。それは単に**「買った」「利用した」という顧客の結果だけを見るのではなく、サービスをどのように使っているのか、楽しんでいるのかをしっかりと観察し、その先にある欲求を見定めることが欠かせません。**そこでは買う以前の体験を観察する以上に、買ってからの体験を詳細に観察する必要があります。

　整理すると、ファーストフォロワーの行動から価値を見つけるためのプロセスは以下の通りです。

①行動　→　②文脈　→　③欲求　→　④価値

#### ①行動

　はじめにファーストフォロワーの「行動」に着目することが重要です。彼らがサービスを利用・購入する前と利用・購入した後、どのような行動をとっているかを正確に把握します。オンラインサービスの場合はその行動をデータとして把握することができますが、多くの場合顧客の行動はオンラインでは断片的にしか見えてきません。そのため、直接顧客に会い、その行動を分析していくことが必要になります。

　特に重要なのが、**買ったり利用したりしてからの行動を細かく見ていく**

ことです。ファーストフォロワーはそのサービスに好意を抱いてくれている顧客ですが、その顧客がサービスを利用する過程のどのポイントで熱量が高まっているのか、顧客の行動をベースに事実に基づいた姿を明らかにすることが不可欠になります。

## ②文脈

　次のプロセスは、その行動がどのような環境・状況のなかで発生しているものなのかを類推することです。同じ行動でも文脈が異なれば違う意味を持つことがあります。**行動の背景にある文脈に何があるか**、この文脈を類推し、把握することこそ、ファーストフォロワーと価値を見つける最重要ステップともいえます。

　この文脈把握がなければ、顧客の理解が180度変わってしまうため、ファーストフォロワーを分析するうえでは非常に重要なプロセスになります。

## ③欲求

　これらを整理したのち、ファーストフォロワーがどのような本音を抱えているのか、実際の欲求を考察します。この欲求は顧客の行動と文脈をセットで把握してこそ見えてきます。ここで重要なのは、この「欲求」は顧客の口から直接出てくるものではないということです。

　「行動」や「文脈」は顧客の声に耳を傾け、観察をしていくことで直接理解することが可能ですが、**顧客の持つ「欲求」は直接口に出してくれることは稀です**。

　そのため、顧客の「行動」や「文脈」からその奥にある欲求を考察していくことが不可欠です。

## ④価値

　その欲求を捉えた後に、最後にファーストフォロワーと共にサービスがつくっている価値にたどり着きます。

この「価値」こそがファーストフォロワーを見つけるうえでの最終到達地点です。顧客の欲求を満たし、自社のサービスが提供できそうな価値とは何なのかを見定めます。

以上のステップでファーストフォロワーと価値を「見つける」ことが可能になります（図1-4）。

図1-4　価値を見つけるステップ

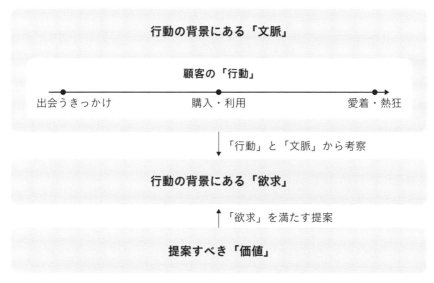

なかでも少し理解しづらいのが「②文脈」でしょう。ここでいう「文脈」とは何でしょうか。たとえば行動だけに着目したとしても、その行動の意味がわからなければ、本人の欲求までたどり着くことはできません。ここで1つのエピソードを紹介したいと思います。

## ■ ヤッホーブルーイングで見たファンの特性

私がエア社員（外部にいる社員として専門的な知識やノウハウをご提供しながら、

ヤッホーブルーイングの一員としてマーケティング活動を共に推進する役割）を務めるクラフトビールメーカーのヤッホーブルーイングでは、ファンと直接触れ合うファンイベントを長年継続的に実施しています。

　私自身も直接ファンの方と関わり、お話を聞く機会が多いのですが、ファンの方と集まってお話をするとき、ヤッホーブルーイングのビールのことだけをお話しすることはごく稀で、多くの場合世界の美味しいクラフトビールの話になったり、国内に新たに生まれたクラフトビールの醸造所のお話になったりします。

　これは、ただ彼らの行動だけに着目をしていると「ひょっとして自分たちよりも他のメーカーの方が好きなのかな」とか「本当のファンじゃないのかもしれない」などと疑問に思ってしまうかもしれません。しかし、ヤッホーブルーイングのファンの方のなかには世界中のさまざまなクラフトビールに出会い、いろんな個性を見つけていくことが大好きな方が多く存在しており、同社はそこも含めてファンの姿と捉えています。


## ファーストフォロワーの行動と文脈

　ヤッホーブルーイングはもともと「ビールに味を！人生に幸せを！」というミッションを掲げ、画一的なビール市場にバラエティのある個性豊かな製品があふれるビール文化をつくっていくことを目指しています。だからこそ、社員もファンも多様なビールの個性を認め、さまざまなクラフトビールに出会い、味わうなかで「よなよなエール」や「インドの青鬼」といったヤッホーブルーイングの製品を好きになってもらうことを目指しているのです。

　まるで孵化した稚魚が大海に出て、また同じ川へ戻ってくるように、「普段からいろんなクラフトビールを飲んでいるけど、やっぱりよなよなエールがいいんだよな」と帰ってきてくれる、そのような特性が見られます。

　**このように、行動の背景にある文脈をしっかり理解することで、ファン**

の理解は一段と深まっていきます。ただユーザーの行動だけを見ていても、それは目に見える姿を捉えているだけにすぎません。その背景にある文脈を理解することによって、ファンが抱えている欲求にたどり着くことができます。

　そして、最終的にたどり着きたい「価値」は顧客の「欲求」を満たすものです。この「欲求」にまでたどり着くことができるのは、**ファーストフォロワーの行動と文脈をセットで理解できてこそ、見えてくるものなのです**。

## ファーストフォロワーの発揮する価値を「伝える」

　また、サービスそのものの価値を見つけるだけでなく、その価値を伝えるプロセスにおいても、ファーストフォロワーの存在は重要です。

　冒頭の TED Talks の動画では、ファーストフォロワーがリーダーと共に踊ることで、それを見た周囲の人が次々とそのムーブメントに参加する姿が描かれていました。このように、ファーストフォロワー自身の振る舞いによってサービスの価値が伝わり、さらなるフォロワーを獲得することにつながります。

　この「価値を伝える」というプロセスにおいて、企業はファーストフォロワーに対してどのように振る舞えばよいのでしょうか。

　具体的な価値の伝え方の例をいくつか紹介します。

## 影響力のあるファーストフォロワーを支援する

　価値の伝え方の１つが、ファーストフォロワーのなかから、SNS で影響力のある顧客とリレーションを築き、彼らを経由してその価値を伝えるというやり方です。いわゆるアンバサダーマーケティングといわれる手法ですが、この手法はポイントをしっかりと理解したうえで運用する必要があります。

まず、ファーストフォロワーが持つ「影響力」を詳細に見極めなければなりません。影響力とは、**そのフォロワーの意識・態度を変容させる力（＝質）と、その情報を広く届ける力（＝量）に分類することができます。**

ファーストフォロワーが持つフォロワー数だけを見て、情報を広く届けるための影響力だけを重視してしまうと、単なるインフルエンサーキャスティングと変わりありません。それだと、単に露出の多いメディアに広告を出しているのと同じです。

ファーストフォロワーからその価値をしっかり届けてもらうためには、ファーストフォロワーとしての条件である「関与度」と「好意度」を担保しておく必要があります。リレーションを築くべきファーストフォロワーは自社のサービスに対するエンゲージメントが高いのか、そのサービスを購入し、愛着を持って利用してもらっているのかを見極めたうえでキャスティングをしていく必要があるのです。

しっかりと自社のファーストフォロワーを見つけることができれば、彼らとコミュニティをつくり、サービスの情報を提供したり、商品をギフティングすることによってファーストフォロワーからそのサービスの価値を伝えてもらえたりすることが可能です。

## ファーストフォロワーと生み出した価値をコンテンツ化する

次に、ファーストフォロワーと「共にコンテンツを生み出す」手法です。ファーストフォロワーはSNSのフォロワー数が多い人ばかりとは限りません。プライベートでSNSを利用しており、フォロワー数も多くない人がほとんどです。その代わり、ファーストフォロワーはサービスに対する「関与度」と「好意度」が高いため、他のユーザーよりも信憑性があって熱量の高いクチコミやコンテンツを生み出してくれる可能性があります。そういったクチコミやコンテンツこそ、他のユーザーの意識変容・態度変容に影響を与えられる可能性が高いのです。それは、**ファーストフォロワーと共に特定のコンテンツを生み出し、そのコンテンツを公式から伝**

えていくことによって価値を伝えることが可能であることを意味します。

　ファーストフォロワーは、サービスを自ら能動的に利用している関与度の高いユーザーであり、好意度も高いユーザーです。それらのユーザーからサービスの利用方法や魅力について発信してもらった内容をコンテンツ化し、公式から編集・発信することによって、その他のフォロワーに有益な価値を届けることが可能です。

　たとえばそれらのユーザーによる座談会を記事にしたコンテンツ、ユーザーイベントを取材した記事コンテンツ、ユーザーが制作した映像、ユーザーのログデータをもとにしたメディア向けコンテンツ制作などが具体的な手法です。


## ■ ファーストフォロワー1人ひとりに会いにいく

　また、ファーストフォロワーに直接会いにいく方法もあります。最近だとファンとのミートアップを定期的に実施している企業も少なくありません。一見非効率に思えるかもしれませんが、定期的に実施をしていくことが、参加者の人を介したリアルなクチコミを生むことに貢献します。

　**SNSでのデジタルのクチコミよりも、人を介したリアルなクチコミの方が、ユーザーの意識変容・態度変容に及ぼす影響は大きい**といえます。

　たとえば、本書でも紹介するヤマップがユーザーの調査をしたところ、実際に山に登る際に同じ登山者どうしでクチコミが発生しており、それがアプリのダウンロードに貢献していることを発見。実際にファンとのミートアップを実施して、登山をするシーンでのクチコミを生むきっかけをつくっています。

　当然ですがSNS上でいくらYAMAPの魅力を発信してもらったとしても、その場でダウンロードする人は限られます。それよりも、一緒に登山をする仲間うちのなかで山に登る際にYAMAPのことについて語ってもらう方が、ダウンロードへの態度変容が起こりやすいことは想像に難くありません。

このように、ファーストフォロワーと共に価値を伝える手法はさまざまありますが、それぞれの手法ごとに特徴が異なります。手法ごとの特徴を押さえながら、自社にとって最適な価値の伝え方を検討する必要があるでしょう。表1-4にこれまで述べた手法をまとめます。

| | 対象となるファーストフォロワーの人数規模 | 価値を伝えるメディア | 意識変容・態度変容への貢献度 | 影響範囲 |
|---|---|---|---|---|
| 影響力のあるファーストフォロワーを支援する | 少数 | ・個人SNS<br>・ブログ | 中 | 広い |
| ファーストフォロワーと生み出した価値をコンテンツ化する | 少数～多数 | ・自社メディア<br>・ニュースメディア | 中 | 広い |
| ファーストフォロワー1人ひとりに会いにいく | 多数 | ・人を介したリアルなクチコミ | 高 | 狭い |

表 1-4　具体的な価値の伝え方

これらの価値の伝え方はあくまで一例にすぎません。企業によってファーストフォロワーと価値を「伝える」手法はさまざまに存在します。ファーストフォロワーの特性を生かし、どのような伝え方が最適なのか、サービスの個別の状況に応じて検討していく必要があります。

## 1-4 あなたの商品を「買ってくれた人」は熱量が高い顧客か

### ■ 本当に大切な顧客は誰か

本当に大切な顧客とは、誰なのでしょう。

それはあなたの商品を買ってくれた顧客でしょうか。もちろん、サービスや商品を買ってくれる顧客は、いうまでもなく大切な顧客といえます。

では、他の誰よりも多く買ってくれる顧客を探せば、熱量が高いファンに出会えるのかといえば、実は必ずしもそうとは言い切れません。大切な顧客の定義は企業によってさまざまですが、主に以下の軸で分けることができます。

**購入量**
購入金額が高い顧客
＝より多くのサービスを買ったり使ったりしてくれている

**好意度**
熱狂的なファン
＝そのサービスを熱烈に支持してくれている

**推奨意向度**
推奨してくれる顧客
＝そのサービスを人にお勧めしてくれる

さて、このなかでどの指標が高い顧客が一番大切かと聞かれた際、誰を選べばよいのでしょうか。

仮に、今日であなたのサービスが終了してしまう場合は、「購入金額が高い顧客」の可能性が高いかもしれません。いますぐキャッシュをもたらしてくれていて、サービスが終わるにもかかわらず、あなたのサービスに対価を支払ってくれている顧客ほど、感謝すべき顧客はいないでしょう。

## 最も大切にすべきは熱狂的なファン

しかし、これからあなたのサービスが未来に向けてその価値を広げていかなければならない場合は変わってきます。その場合、もちろん買ってくれている顧客もさることながら、私は間違いなく「熱狂的なファン」こそ最も大切にすべき顧客だと考えています。

もちろん「推奨してくれる顧客」も、同じく大切にすべき顧客です。しかしながら、「推奨してくれる顧客」だけを見てしまうと、先述した通り、そのファンの行動にしか注目することができません。それだけでなく、「好きかどうか」と「お勧めするかどうか」は必ずしも一致しないことがあります。特に、ファッションなどの嗜好性の高い商材や、お悩み系の商材などは、好きだけど人に勧めたくない、知られたくないと感じる顧客も存在するため、好意＝推奨とはならないケースが往々にしてあるのです。つまり**「推奨してくれる顧客」だけを見たとしても、ファーストフォロワーを捉えることはできません。**

今の収益をもたらしてくれる高単価な顧客だけに注目するのではなく、また人にお勧めをしている顧客だけに注目するのでもなく、熱狂的に支持してくれているファーストフォロワーを捉え、未来の価値を共につくる必要があります。

買ってくれているという行動は、過去のあらゆるマーケティング活動の結果でしかありません。今のマーケティング活動の結果を見るためにはどれだけ売上があるかも見るべきですが、ビジネスの未来をつくるために重要なのは熱狂的に支持をしてくれるファーストフォロワーの存在こそ、大切にすべきといえます。

## 1-5 ファーストフォロワーが発揮するブランドにとっての価値とは

### ■ ファーストフォロワーはサービスにとっての道標

これまで、ファーストフォロワーとサービスの価値を共につくるためのプロセスを、「見つける」「伝える」のパートに分けて解説してきました。

ここまで述べてきた通り、価値を共創するということは、決して顧客の意見に従うということではありません。

「見つける」「伝える」いずれのプロセスも顧客と企業の双方の関わりが欠かせないのです。このプロセスには一定の法則があるものの、関わりはサービスと顧客自身の個別の経験によるため、これさえやればいいという法則はありません。

本書ではさまざまな企業の営みについて、「見つける」（＝第3章）、「伝える」（＝第4章）という章立てで、事例を紹介しています。しかし、それらはいずれもその手法だけを切り取ってトレースすればうまくいくものではありません。

### ■ 企業で異なるファーストフォロワーの存在

企業それぞれの手法には、その手法に至った背景が存在します。そのため、本書に掲載する事例は、それぞれの手法に重点をおいて事例を紹介しながらも、いずれも価値を「見つける」「伝える」というプロセスを一連の流れで掲載しました。手法の背景にあるファーストフォロワーに対する各社の姿勢をお伝えしながら、具体的な事例を紹介する内容となっています。

そのため、**本書で掲載した事例をもとに自社で応用する際は、顧客の個**

別の経験からヒントを掴み、サービス独自の体験を設計していくことが不可欠です。

　サービスにとってのファーストフォロワーは、いずれも顧客それぞれにある個別の具体的な経験から価値が発揮されています。自社のサービスに対するファーストフォロワーにとっての個別の具体的な経験は何なのか、それらを紐解くことから、ファーストフォロワーと共に価値をつくる旅は始まります。

　サービスの価値を顧客と共につくる、という前提に立ったとき、自社のファーストフォロワーは、まさにサービスにとっての道標と捉えることができるのです。

# 第 **2** 章

## ファーストフォロワー
## のビジネスへの貢献

## 2-1 ファンに目を向けた マーケティングの変化

### ■ 好意度の高いファンに目を向ける

この章では、ファーストフォロワーと価値をつくっている各社のエピソードを紹介する前に、そもそもなぜブランドに対して好意度の高いファンに目を向ける必要があるのか、その意義について整理します。

ファンに目を向けるべき背景を知るには、ここ30年間で起こっている情報環境の変化に目を向けなければなりません。それらを踏まえ、なぜファンに向き合うべきなのか、またその際に留意すべきポイントについて、概論として整理をしていきます。

それらの視点を踏まえたうえで、第3章・第4章で各社の取り組みについて具体的に紹介をしていきたいと思います。

### ■ ファンに向き合うことはなぜ大切なのか

ファンはあなたのサービスを使ってくれていて、かつ好きでいてくれる存在です。ある意味ではあらゆる自社のマーケティング活動の結果、たどりついてくれた理想的な顧客ともいえます。このすでに理想的である顧客に対して、さらなるマーケティング活動を行っていくことに果たしてどの程度の意味があるのでしょうか。

また、ビジネスとしては「買ってもらうこと」がゴールなわけですから、理由はどうであれ買ってくれたことを評価すべきという考えもあるでしょう。果たして買ってくれた理由にそこまでこだわる意味があるのでしょうか。

この章では、そのような疑問に答えながら、ファーストフォロワーの存在を取り上げる前提として、ファンと向き合うことの意義を解説していきます。

## ファンにこだわるべき2つの理由

まず、ファンにこだわるべき理由の1つは、ファンによる再購入の効果です。

ファンはその場限りの顧客ではありません。好きになってもらうことで、将来もう一度購入してもらえる効果を期待できます。これは人口減少社会をむかえ、将来国内マーケットが減少する日本においては特に重要な考えです。**常に広告を投下し続けてその場限りで買ってもらうかどうかを委ねる活動から、ファンを着実に増やし、買い続けてくれる人を増やす活動がより重要になってきます。**

しかし、ファンのロイヤルティを高め、一部のファンに再購入を促すだけのマーケティング活動では、ビジネスに大きなインパクトを与えることはできません。

そこで大切になるのが、「ファンの資産をレバレッジする」発想です。SNSで人々の消費行動が日常的に可視化されている現在の情報環境において、クチコミによるブランドへの意思決定の影響の大きさが相対的に高まっているという背景があります。

私の所属するトライバルメディアハウスが2020年に行った「"売りにつながる"ソーシャルメディアとインフルエンサーの実態調査」(図2-1)においても、テレビCMの影響と比較して、利用・購入における影響はX（旧Twitter）・Instagram・YouTube等のコンテンツの比率が高いという結果が出ています。

図2-1　プラットフォーム別の影響領域

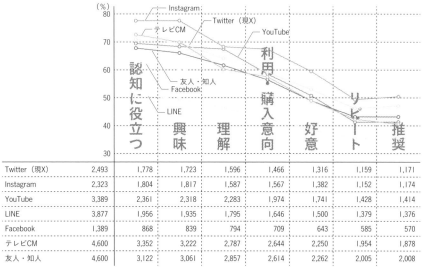

| | 認知に役立つ | 興味 | 理解 | 利用・購入意向 | 好意 | リピート | 推奨 |
|---|---|---|---|---|---|---|---|
| Twitter（現X） | 2,493 | 1,778 | 1,723 | 1,596 | 1,466 | 1,316 | 1,159 | 1,171 |
| Instagram | 2,323 | 1,804 | 1,817 | 1,587 | 1,567 | 1,382 | 1,152 | 1,174 |
| YouTube | 3,389 | 2,361 | 2,318 | 2,283 | 1,974 | 1,741 | 1,428 | 1,414 |
| LINE | 3,877 | 1,956 | 1,935 | 1,795 | 1,646 | 1,500 | 1,379 | 1,376 |
| Facebook | 1,389 | 868 | 839 | 794 | 709 | 643 | 585 | 570 |
| テレビCM | 4,600 | 3,352 | 3,222 | 2,787 | 2,644 | 2,250 | 1,954 | 1,878 |
| 友人・知人 | 4,600 | 3,122 | 3,061 | 2,857 | 2,614 | 2,262 | 2,005 | 2,008 |

※グラフ下段の数字はn数

**ユーザーが各プラットフォームから受ける影響**
【認知に役立つ（商品やサービスを知るのに役立つ）／興味（商品やサービスに興味を持つ）／理解（商品やサービスを理解するのに役立つ）／利用・購入意向（商品やサービスを利用したくなる）／好意（商品やサービスを好きになる）／リピート（商品やサービスを繰り返して買いたくなる）／（商品やサービスを人に勧めたくなる）】という影響領域に対して、「非常にそう思う／そう思う／ややそう思う」と回答した人（影響を受けたことがある人）の比率

　このデータからもわかる通り、ファンは「買ったら終わり」ではなく、ファンから生まれるクチコミこそ次の顧客を連れてきてくれる大きなきっかけになり得るのです。

　このように消費行動においてクチコミの影響による意思決定が日常になった時代に、ファンを優良顧客としておもてなしをするだけに終わるか、ファンをブランドの資産として新規顧客へのアプローチとして生かすかは、その後のブランドの将来を大きく変えるといってよいでしょう。

　広告だけでは人が動かない時代において、**ファンの資産をどのようにレバレッジさせるかが、サービスとしてのエコシステムを生み出すうえでの重要な視点になります**。これがファンにこだわるべき2つ目の理由です。

## ファンの資産を生かすべき理由

　クチコミを生み出す場合、ファンではなく、SNSでフォロワーの多いインフルエンサーの力を借りた方がよりリーチを獲得できて、ビジネスへの影響が大きいという意見もあるかもしれません。

　そこで、投稿者ごとに影響度合いがどの程度大きいか、独自の調査をもとに分析した結果を図2-2に示します。

図 2-2　投稿者別の影響領域

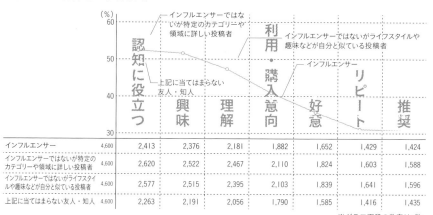

| | n数 | 認知に役立つ | 興味 | 理解 | 利用・購入意向 | 好意 | リピート | 推奨 |
|---|---|---|---|---|---|---|---|---|
| インフルエンサー | 4,600 | 2,413 | 2,376 | 2,181 | 1,882 | 1,652 | 1,429 | 1,424 |
| インフルエンサーではないが特定のカテゴリーや領域に詳しい投稿者 | 4,600 | 2,620 | 2,522 | 2,467 | 2,110 | 1,824 | 1,603 | 1,588 |
| インフルエンサーではないがライフスタイルや趣味などが自分と似ている投稿者 | 4,600 | 2,577 | 2,515 | 2,395 | 2,103 | 1,839 | 1,641 | 1,596 |
| 上記に当てはまらない友人・知人 | 4,600 | 2,263 | 2,191 | 2,056 | 1,790 | 1,585 | 1,416 | 1,435 |

※グラフ下段の数字はn数

**インフルエンサー、インフルエンサーではないが特定のカテゴリーや領域に詳しい投稿者、インフルエンサーではないがライフスタイルや趣味などが自分と似ている投稿者、上記に当てはまらない友人・知人による投稿の影響領域**
【認知に役立つ（商品やサービスを知るのに役立つ）／興味（商品やサービスに興味を持つ）／理解（商品やサービスを理解するのに役立つ）／利用・購入意向（商品やサービスを利用したくなる）／好意（商品やサービスを好きになる）／リピート（商品やサービスを繰り返して買いたくなる）／推奨（商品やサービスを人に勧めたくなる）】という影響領域に対して、「非常にそう思う／そう思う／ややそう思う」と回答した人（影響を受けたことがある人）の比率
※本調査では、インフルエンサーを「フォロワー数や登録者数が多く、発信内容が多くの人の商品購入などに影響をもたらす発信者」と定義

　これはクチコミの投稿者を次の4つに分け、それぞれのクチコミがどの程度影響を及ぼしているかをマーケティングのファネル別に調査した結果になります。それぞれの分類は次の通りです。

・インフルエンサー
・インフルエンサーではないが特定のカテゴリーや領域に詳しい投稿者
・インフルエンサーではないがライフスタイルや趣味などが自分と似てい

る投稿者

・上記にあてはまらない友人・知人

　この調査では、フォロワーが多いインフルエンサーよりも、「特定のカ
テゴリーや領域に詳しい投稿者」や「ライフスタイルや趣味などが自分と
似ている投稿者」からの影響の方が大きいという結果が出ています。

　また、いくら友人・知人の情報が信頼されていても、その領域に詳しい
人でなかったり、ライフスタイルが近くなかったりする場合は購買の意思
決定に影響する比率が相対的に低くなることも明らかになっています。

　つまり、フォロワーが多いか少ないか、自分に身近な存在かどうかにか
かわらず、**対象となる製品・サービスのことをより詳しく知っている、も
しくはそのモノやサービスを利用している生活が自分に近いクチコミこ
そ、人が信頼するクチコミといえる**のです。

　リーチを獲得するだけであればデジタル広告の方が効率よく多くのユー
ザーに情報を届けることが可能です。しかし、認知はお金で買えますが、
ユーザーの気持ちはお金で買うことはできません。

　「誰にいわれたら心が動くか」という視点で見ても、ファンの存在は重
要になるのです。


## ■ ブランドの輪郭は何によってつくられているのか

　では、SNS が当たり前の世の中において、ブランドの輪郭は果たして
どのように形づくられるのでしょうか。まだ SNS もブログも、インター
ネットすら普及していない 80 年代において、それはまさしくマスメディ
アが担っていました。

　高度経済成長期の影響を受けて、80 年代の日本国内でも CI（Corporate
Identity）ブームが生まれ、企業がこぞって「自社のアイデンティティとは
何か」を定義する動きが加速しました。**ブランドのコアとなる概念を定義
し、そのブランドの「らしさ」をいかに多くの人に同じように伝えられる**

かがよいブランドをつくるうえで重要な取り組みとなっていたのです。

そして、各社が企業やブランドのタグラインを策定し、そのタグラインを CM をはじめとするさまざまなコミュニケーション施策に画一的にインストールしていきました。これは各家庭に新聞やテレビが普及した当時、企業のコミュニケーションにとって非常に重要な戦略であり、CI を策定するために数億円ともいわれる予算が投下されたという話もあります。

そこから約 40 年以上経った 2024 年までに、人々が日常で接するメディア自体が大きく変化したことはいうまでもありません。

その変遷を大まかにおさらいすると表 2-1 の通りです。

| 年 | 主なできごと |
|---|---|
| 1992年 | IIJが日本で初めてのインターネットサービスプロバイダとしてサービスの提供を開始 |
| 1995年 | Microsoftが「Windows95」を日本で発売開始 |
| 1996年 | Yahoo!が日本語版のサービス「Yahoo! JAPAN」を開始 |
| 1999年 | NTTドコモが携帯電話のインターネットサービス「iモード」のサービスを開始 |
| 2000年 | Googleが日本語での検索サービス開始 |
| 2001年 | Wikipediaが日本語版サービス開始 |
| 2004年 | GREE、mixiを筆頭にSNSがサービス開始 |
| 2006年 | モバゲーがサービス開始 |
| 2007年 | YouTubeが日本語版サービス開始 |
| 2008年 | AppleがiPhoneを日本で発売開始 |
| 2008年 | Facebook、Twitter(現X)が日本語版サービス開始 |
| 2011年 | LINEがサービス開始 |
| 2013年 | メルカリがサービス開始 |
| 2014年 | Instagramが日本語版サービス開始 |
| 2017年 | TikTokが日本でサービス開始 |
| 2018年 | PayPayがサービス開始 |

表 2-1　コミュニケーションメディアの変遷

この年表を見るだけでも、直近の約30年の間で、人々のコミュニケーションの形式が目まぐるしい速度で変化し、その全てが1人ひとりの手のひらのなかに集約されていっていることが一目瞭然です。

　広告が効きづらくなったというのは、**広告自体が変化したのではなく、広告と顧客を取り巻く情報環境が変化したことが大きな要因であることは明らかです。**

　そうしたなかで、企業がマスメディアを使って自身のメッセージを発信しただけでは人々の脳内で特定のブランドの輪郭がつくられることは難しく、有象無象のクチコミやその他の情報のなかで形づくられていくようになったことも、また必然といえるでしょう。

　加えて、これらの加速度的な情報環境の変化そのものが、グローバル規模で起こっていることも注目すべきポイントです。戦後の高度経済成長期にさまざまなイノベーティブな製品が誕生してから、やがて日本の景気が失速し、もはやモノをつくれば売れる時代ではないことは誰しもが実感していることでしょう。

　投稿者別の影響領域（51ページ）でも述べましたが、インターネット、特にSNSの普及の過程において、企業から発信される広告としてのメッセージだけではなく、サービスに詳しいファンや、自分と近いライフスタイルを送っているファンが発信する内容に顧客は影響されています。それによってもブランドの輪郭が形づくられているのが現代です。

　「広告が不要だ」といっているわけではありません。広告は今でも一定の効果がありますし、企業の広告がSNSによってポジティブにもネガティブにも話題が広がることは、身近な例を挙げればキリがありません。

　企業の広告か人のクチコミか、ということではなく、**人々にとってブランドの輪郭を形づくる要素が複雑化したということ、そしてその背景にはSNSの普及がセットになっている**という状況を押さえておく必要があります。

## ■ ブランドがその人にとってどんな存在なのか

　そのような状況のなかで、ブランドは顧客の個別の経験のなかでこそ価値を生み出します。先にも引用した『コ・イノベーション経営』において、ブランドのつくられ方について、著者は以下のように述べています。

　最近では、消費者が積極性を強め、企業が主体となってブランドを創出するという古いやり方に終止符を打った。広告に代わって口コミが消費姿勢への影響力を強め、ウェブ上の消費者コミュニティがその流れに拍車をかけた。消費者は今や必要な情報を手に入れ、それをもとに判断を下し、望むとおりの価値にたどり着く。そのうえ、企業との取引の方法を自分たちで決め、他の消費者の期待度にも影響を及ぼす。このため広告は、製品や企業のイメージを形成し、維持していく力を着実に失いつつある。

　以前であれば、企業と消費者とのコミュニケーションは、前者から後者へ一方的に流されるものばかりだった。ところが今日では、消費者の反響が、企業の声を掻き消してしまうほどだ。熱心な消費者コミュニティは、企業の行動を調べ、良し悪しを評価・議論し、自分たちの見聞きした内容について独自に判断を下している。企業の「裸の王様」化が進んでいるわけだが、多くの企業はその事実を悟っていない。

　このような状況にもかかわらず、大多数の企業はいまだに「顧客を手に入れる」「顧客との関係をコントロールする」といったテーマを話題にしている。このような従来型の発想は時代に取り残されつつあるというのに、いまだに多くのビジネス分野にはびこっている。一例として、技術ベンダーが販売するCRMソフトウェアは、企業中心の発想に深く根差していて、消費者を、企業の売込み対象にされる受け身の存在としてしか捉えていない。共創の世界では、企業は消費者をターゲットにするのではなく、対話の相手として見なすため、コミュニケーションのインフラも全く新しいものが求められるのだ。かつては、広告をはじめとした企業側からのコミュニケーションによって、ブランドを生み出せた。だが、そのよう

な時代は終わりを告げた。ブランドは、経験を通して自然発生的に生まれ、進化していくのだ。

出典：『コ・イノベーション経営』

　そのブランドがこうありたいという理想の姿とは裏腹に、顧客自身がその価値を決めるということは往々にして起こりうることです。ファーストフォロワーとうまく関係を築けている企業は、顧客の個別の経験のなかにある価値を導き、サービスの価値として押し上げている例が数多く存在します。

　『コ・イノベーション経営』が邦訳されたのが2013年。それから10年経った現代において、その重要性はますます高まっているといえるでしょう。

　今では、企業が決めた価値を顧客に一方的に押し付けるのではなく、サービスと顧客の間にある個別の経験に目を向け、その顧客にとっての価値は何なのか、**ミクロな視点から捉え、サービスそのものの価値と統合していく動きが多く見られます。**

　SNSが日本に普及し始めたのが2010年代。時代と共に、顧客自身の個別の経験が可視化されるインフラが整ってきているからこそ実現しやすいプロセスといえます。ましてや、マスメディアがブランドの輪郭をほとんど決めてしまっている時代においては、顧客の個別の経験を把握すること自体が難しかったともいえるでしょう。

　そのうえで、この顧客の個別の経験のなかで把握しなければならないのは、**「その人にとってブランドはどんな存在か」という問いに対する顧客それぞれの答えです**（表2-2）。私も顧客に対するブランドの好意度を調査する機会が多くありますが、アンケート項目で「あなたにとって○○（ブランド名）はどのような存在ですか」と聞くと、顧客がそのブランドのファンであればあるほど、表現豊かに言語化される場合が多いです。そして、それこそが自社のブランドにとっての資産をつくるきっかけになりうるのです。

| | 従来 | 現在 |
|---|---|---|
| 情報環境 | 限られたメディアを通して情報を一斉に消費 | 個別のデバイスで多様な情報を消費 |
| 製品・サービスの意思決定 | マスメディアが中心 | マスメディアに加え、SNSにおけるクチコミが大きく影響 |
| 顧客との関係 | 価値を消費するターゲット | 対話を通して価値を共創する相手 |
| 価値の生まれ方 | 企業が主体となって創出 | 顧客の個別の経験を通して自然発生的に創出 |

表 2-2　ブランドがその人にとってどんな存在なのか

　「何を買えば自分（たち）の生活がより便利になるか」という製品・サービスにおける機能の判断基準から「どんなサービスが生活にあれば自分（たち）がより豊かな気分になれるのか」というブランドが自分にとってどのような意味を持つか、の判断基準に変わりつつある現代において、顧客は自分の生活や人生に、そのブランドが介在することの意味を常に問うているのです。

# ファンという存在を
# どう捉えるか

## ■ 「お客様」＝「神様」なのか？

　先述の『コ・イノベーション経営』にもある通り、顧客は企業の売り込み対象にされる受け身の存在ではなく、企業との取引の方法を自分たちで決め、他の消費者の期待度にも影響を及ぼします。本書のテーマであるファーストフォロワーはその代表的な存在です。

　では、そのファーストフォロワーを具体的にどのように捉えていけばよいのでしょうか。

### 「お客様は神様です」

　この言葉はおもてなし大国といわれる日本においては半ば当たり前の、お客様と接する仕事においては常識のような考え方として浸透していました。しかし、顧客は価値を受け取るだけの存在ではなく、共に価値をつくる担い手だと捉えたとき、**お客様は神様どころか身近な友達のような存在にすらなることがあります**。

　ファーストフォロワーは皆さんにとって最も身近な仲間であるべきです。たとえば、メイドインジャパンのものづくりを目指しているファクトリエ（ライフスタイルアクセント）では、自社の商品を宣伝させる目的ではなく、主に自社に対して本音で語ってくれるパートナーとして、公認アンバサダーを認定しています。

　何か自分たちが検討している商品やコミュニケーションはすぐさまアンバサダーに意見を聞いて、自分たちが考えていたことは顧客にも通じるのか、事前にアンバサダーに意見を聞いています。これはアンバサダー自身

がそのサービスの理念を理解し、共感しているからこそ正しいフィードバックを送ることが可能になるのです。

　ファンに支持されている企業自身は、ファンをどのように捉えているのでしょうか。今回インタビューをした各社が口を揃えていうのは、「ファーストフォロワーはお客様のようでいてお客様ではない」ということです。

　企業のなかから、ファンという存在の捉え方について、本書のインタビューよりいくつかご紹介をしたいと思います。

## ［わざわざ（143 ページ）］

　わざわざにとって、お客様は一緒に盛り立ててくれる仲間です。そのため、平田氏は「お客様」という表現にも少し違和感があるといいます。どちらかというとわざわざの一員のように感じている、だからこそしっかりと時間をかけて話し合うし、適当にあしらわない、わかり合うまで会話をしていくことを大切にしているのです。

## ［ヤッホーブルーイング（209 ページ）］

　スタッフがイベントに参加すれば、お客様への感度も高くなって、より具体的にイメージできるようになります。お客様は決して怖い存在ではありません。好きだといってくれる人の行動は気になるものです。チーム横断でお客様の声を聞くしくみをつくり、その言動を見ているのです。

　このように、ファンに愛されている企業はファンをただ「買ってくれる人」や、「おもてなしを尽くす神様のような存在」ではなく、**自分たちの大切な仲間や一員**と捉えています。そして、ファーストフォロワーをしっかりと捉えている企業は、ファーストフォロワーに従うのではなく、共にサービスの価値をつくるパートナーとして認識されています。

　冒頭で述べたように、特におもてなし文化の根強い日本では、お客様＝

神様として捉えることが少なくありません。それ自体は素晴らしい文化ですが、ファンも同じように神様として捉えてしまうと、両者の期待にミスマッチが起こりやすいのです。

　中でもファーストフォロワーは、そのサービスが好きだからこそ、自身が感じている価値を伝えてくれ、また、サービスのネガティブな側面も正直に本音を伝えてくれます。

　特に新規サービスを立ち上げて PMF に到達するまでは、自社サービスの価値を磨きながら、顧客の欲求にフィットさせていくことが重要になります。その過程で、ファーストフォロワーが自分たちの仲間、またはパートナーとしてサービスに関わってくれることで、サービスの価値を正しく見定めることが可能になるのです。

　ファーストフォロワーは、ただおもてなしをするだけの相手ではなく、価値を共につくる仲間やパートナーに近い存在といえます。

## ■ ファンは自分たちを映す鏡

　よく、「はじめにミッションやビジョンがあり、そこに共感してくれるからこそ顧客が生まれる」という主張を聞きます。

　しかし、私はまず顧客にフィットしたサービスがあり、そのサービスに価値を感じてくれているからこそ、その企業が掲げるミッションやビジョンへの共感が生まれるのだと考えています。

　自社のサービスがやりたいことだけを主張しても、価値が顧客にフィットしなければ持続可能なサービスにはなり得ないでしょう。そのため、サービスにとって最も大切な顧客の声に耳を傾け、その顧客の求める価値にフィットさせてこそ、自社のなすべきミッション・ビジョンも定義ができるのではないでしょうか。

　ファンは、**自分たちが何をなすべきか、どこに向かうべきなのか、ヒントを提供してくれる、まさに道標のような存在です**。先述したファクトリエでは、自社・顧客・工場の 3 社が豊かになるビジネスを目指した経営

を行っています。同社の山田社長は「自分たちが売りたいものを売るのではなく、ロイヤルティの高いファンの声を聞き続けることによって、あくまで顧客が求めるものを徹底的に研ぎ澄ませ、結果的に売れる商品を開発する」とおっしゃっています。

そのため、通常のアパレル企業では実施しないぐらい厳しいテストを徹底的に行い、発売前に数名のファンに商品を提供。ファンが1人でもNOを突きつければ商品が発売されることはありません。

また、これらのロイヤルティの高いファンの声を聞いていく過程で、常に「自分たちは何者か」を問い直しているとおっしゃっていました。自分たちがどうしたいか、から出発するのではなく、**顧客にとって、工場にとって自分たちがどのような価値を提案すれば受け入れてくれるか、そのために自分たちはどうあるべきかを日々自問する**といいます。

私もこれまでさまざまなファンイベントに携わるなかで、ファンに支えられている企業ほど、企業のなかの人と、ファンの姿が似通っていると感じる場面が多々ありました。それは企業とお客様という垣根を越えた関係ができていることに加え、双方が感じている価値観や人柄すら、共通点が見られることも多くあります。

共通のサービスにお互いが価値を感じているからこそ、「自分たちにとって大切なファンは誰なのか」と、「自分たちは何者なのか」というテーマは、時に共通の問いになってくるのかもしれません。

## 2-3 ファンに向けた マーケティング活動の誤解

### ■ ファンマーケティングは買わせるマーケティングではない

近年、「ファンマーケティング」や「コミュニティマーケティング」という言葉を聞く機会が増えています。既存顧客のロイヤルティや熱狂度を高め、より多くの商品やサービスを利用してもらう目的でコミュニティやファンマーケティングに取り組んでいる企業も少なくありません。

しかし、いわゆる「ファンマーケティング」が**「既存顧客に買わせるためのマーケティング活動」になってしまっている場合は注意が必要です。**

既存顧客がより多く製品・サービスを利用することは悪いことではありませんし、むしろ歓迎されるべきです。ただ、ファンへのマーケティング活動が買わせるものになっているとすると、それはファンが望んでいることと乖離がある可能性があります。

第1章でも述べた通り、ファンの「好意度」と「購入量」は必ずしも一致しません。ファンにとってあくまで「購入量」は「好意度」が変容した結果の1つであり、購入量自体を企業側がコントロールすることは不可能です（図2-3）。

図2-3　ファンマーケティングは買わせるマーケティングではない

| 好意度 | ≠ | 購入量 |
|---|---|---|

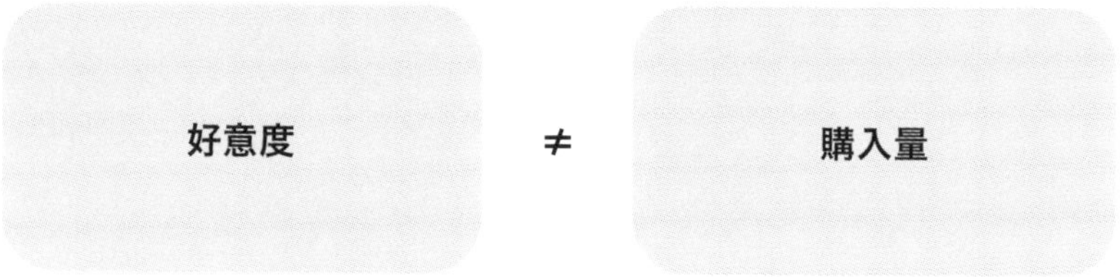

・買い続けてくれる顧客のなかには、好意が伴っていないケースは往々にしてある
・好意に支えられた売上をつくることで、顧客基盤は安定化する

できることは**購入前の顧客だけに体験を最適化するのではなく、購入後の顧客の体験を含めた最適化をすること**です。それによって、「他よりは安いから」「帰り道の途中にお店があるから」「なんとなく」という理由で買う顧客から、「商品が魅力的だから」「中の人に好感を持てるから」「この企業を応援したいから」というファンになってもらうことで、「好意度」を変容させ、「購入量」に影響を与えることができるのです。

逆の視点に立つと、全ての顧客を対象にした際に、「購入」がどのような顧客によって支えられているかを把握しておくことが企業にとって重要です。それには、数々の製品・サービスのなかで、なぜそれを選んだのか顧客に直接聞いてみることをお勧めします。なぜなら継続的に買ってくれている顧客は一見優良顧客に見えますが、蓋を開けてみると、継続的に購入する顧客の大半が、**習慣的な購買に支えられていて、特に感情を伴って購入していないという事実が明らかになる**ことも少なくないからです。

## その購入に「好意」は伴っているか

継続的に買ってくれている顧客は、現時点ではとてもよい顧客といえるかもしれません。乱暴な言い方をすれば、何もしなくても、放っておいても買ってくれる顧客ともいえます。

しかし、何かしらの好意が伴わない購入は、他社の刺激に弱い顧客でもあるということです。たとえば急に競合が顧客にとって今より便利な場所に店舗を出店した場合、セール時に大幅の値引きキャンペーンを実施した場合、お得なノベルティを特典にした販促を実施した場合……いずれも好意の伴っていない顧客は翌日から一気に競合へなだれ込んでしまう可能性もあるわけです。

もちろん店舗の立地、便利な EC のしくみなど、顧客が買いやすい環境をつくることは欠かせません。その一方で、顧客がただ「買いやすい」という理由で買ってくれている状況だとすると、それは薄氷の上に顧客の資産を築いていることになります。

また、そのような危うい顧客基盤の上で売上を獲得し続けるには、**継続的に値引きやインセンティブに依存した施策に頼らざるを得ず、マーケティング予算を費用として投下し続けなければならない状況に陥ってしまうということも、大きなリスクといえるでしょう。**

「購入」はあらゆるマーケティング活動の結果でしかありません。しかし、その結果がどのような過程によってもたらされたものなのかを明らかにし、自分たちにとって「よい売上」をつくることが、自らのサービスの価値がぶれることなく、良質な顧客基盤をつくることにつながります。

## ■ ファンが求めているのはおもてなしではない

顧客の好意に支えられた売上をつくることが重要だということが共有できた前提で、次にファンの資産をどのように活用するべきなのかを解説していきます。

ファンの好意度を高めていくことはファンをつくるうえでは不可欠ですが、好意度を高め、購入量だけに注目することもまた、ファンへの取り組みが失速してしまうことの大きな要因なのです。ここでは、「ファンだけに向き合うことが、ファンへの取り組みを失速させる」ことについて解説していきます。

第1章でも述べた通り、ファンはサービスを提供されるのを待つだけの受け身の存在ではなく、企業と共に価値を生み出すパートナーです。サービスが提供されるのをただ待ち、サービスを消費するだけの顧客を本当のファンと呼べるでしょうか。確かにそのような顧客も存在しますし、彼らが再びサービスを利用し、購入量も増えていく可能性があります。

その前提としてサービスを受け取り、利用し続けるだけでもファンの好意度は一定量高まる可能性はあります。特に複雑なサービスであればあるほど、一度利用してくれた顧客をオンボードし、ロイヤルカスタマーへと導くこともできるかもしれません。

しかし、カスタマーサポートに留まらず、ファンの持つ資産にアクセス

するためには、ファンを価値共創のパートナーと定め、共にサービスの価値を生み出すような働きかけが不可欠です。実際にファンに会った経験のある方であれば、ファンがただサービスの改善について口を開けて待っているだけの存在ではなく、一緒に価値をつくっていく姿勢を伝えてくれる存在であることを実感しているかもしれません。

　**ファンが求めるのは画一的なサービスの提供ではなく、ファンならではの経験ができること**です。

## ファンコミュニティが失敗する理由

　ファンと触れ合う場として注目されているファンコミュニティそのものは、うまく活用することでファンの資産を生かせる場になりうる可能性があります。しかし、ファンコミュニティには運用するうえで、陥りやすい落とし穴がいくつかあります。

　私もさまざまな場面で「ファンをコミュニティによって囲い込み、ファンのLTV（ライフタイムバリュー）を上げる」という与件を目にすることがあります。しかし、これは本当によい戦略なのかといえば、いくつか疑問が残ります。少なくともこれらをクリアしたうえで、ファンとのコミュニティを検討する必要があります。

　以下に、多くのファンコミュニティが失速してしまう「失敗の要因」を考察していきます。

## 【失敗の要因①】

### 本当のファンがコミュニティに参加してくれていない

　まず、「ファンをコミュニティ化する」こと自体が可能かどうかを検証する必要がありますが、ここでも購入量と好意度を混同してしまうケースがあります。LTVの高い人を集めた結果、ファンではない顧客がコミュニティに交ざってしまい、本来意図していたコミュニティ内のコミュニ

ケーションが実現できなくなってしまう状況が意外と多く存在しています。

「ファンは一般の顧客と比較してより多く購入してくれている可能性が高いが、多く購入してくれている人が全てファンであるとは限らない」という命題を取り違えてしまうと、ファンを集めたはずのコミュニティが、残念ながらただのおしゃべりの場になってしまうこともあるのです。

また、ファンのなかでもサービスに向けられる関心ごとはさまざまです。同じファンだからといって、関心ごとも同じとは限りません。**ファンがサービスに向けているさまざまな関心ごとを考慮せずにコミュニティを設計してしまうと、ファンどうしのコミュニティに参加する動機がバラバラになってしまうことがあります。**

| ☑ コミュニティに本当のファンを招くことは可能か |
| --- |

## 【失敗の要因②】

### ファンがコミュニティで活動してくれない

ファンといえど、24時間365日1つのサービスのことを考え続けてくれているわけではありません。そのサービスの商材カテゴリー自体の関与度にもよりますが、いくら好きだからといってもずっとコミュニティに張りついて生活をしている人は稀です。

サービスの生活における関与度を考慮しながら、適切な関与のなかでコミュニケーションを働きかけていくことが欠かせません。そのため、**全てのコンテンツをファンに見てもらう前提で設計してしまうとコミュニティ内の会話に齟齬が生まれてしまうことも多々あります。**

以前から、インターネットにおいてコンテンツを創造するユーザーの割合は1%しかおらず、そのうち創造されたコンテンツに対して反応するユーザーが9%、残りの90%はコンテンツを閲覧するだけのユーザーで

あるという説があります。「1%ルール」（Jakob Arthur, 2006）または「90-9-1の法則」（Charles Nielsen, 2006）ともいわれているこの法則は、比率は異なれど、各社のコミュニティにおいて共通する構造です。

　そのため、コミュニティのメンバーが常に全員参加する前提でコミュニティを設計してしまうと、コミュニティの運営が滞ってしまうケースがあります。

| ✓ ファンはコミュニティにアクセスし続けてくれるか |
| --- |

## 【失敗の要因③】

### コミュニティでファンの熱量が高まらない

　主にオンラインコミュニティの場合、コミュニティ内で定期的に会話やトピックが投稿されていくことがあります。これらを継続的に実施し続ければ、サービスへの好意度は高まるのでしょうか。

　サービスに対するカスタマーサポートを例外として、多くのコミュニティの場合、定期的にコンテンツを投下しても自動的にファンの好意度が高まるかというと、その限りではありません。ファンは画一的なサービスの提供ではなく、自分しか味わうことのできない個別の経験を求めています。ファンへのインタビューを行ってみると、熱狂的なファンであればあるほど、自身のサービスに対する個別の経験のなかで、具体的な思い出を語ってくれるファンがほとんどです。

　そのため、**事前に計画された画一的なコンテンツのみで好意度を高めていくのではなく、ファンに限定したミートアップやスタッフとの会話、同じファンどうしの会話を通して、偶発的に発生した体験も含めた個々に獲得された経験がファンの好意度向上に貢献することが多い**といえます。

| ✓ コミュニティ内のコンテンツだけでファンの熱量を高めようとしていないか |
| --- |

## 【失敗の要因④】

**コミュニティ内の LTV を高めてもビジネスインパクトが生まれない**

　コミュニティに参加するファンの LTV が上昇することそのものは悪いことではなく、むしろ歓迎すべきことです。しかし、最適な LTV を超えてファンに買わせ続けることは、必ずしも最良の戦略といえない場合があります。

　ファンはサービスの対象となる全体の顧客の一部です。そのため**ファン自体の LTV が 1.2 倍や 1.5 倍になったところでビジネス全体における影響は限定的になってしまいます**。また、飲料や食品などにおいては人間の身体や胃袋の数以上に購入量は増えませんし、車でいえば平均的な収入の世帯であればファンになったからといって何台も買うわけではありません。そのため、LTV 自体が飛躍的に伸びるわけではなく、ファンの好意度が直接ビジネスに与えるインパクトは必ずしも大きいとはいえません。

　一方、顧客全体に占めるファンの割合を増やし続け、顧客の半数以上がファンになり、その結果膨大な数のファンをコミュニティに招待し、大規模にコミュニティを運営しようとしたとします。それも、ファンが求めるような「個別の経験」を提供することにはほど遠くなってしまい、結果的にファンの好意度が高まるようなコミュニティ運営にはなっていかないケースがほとんどでしょう。

　そのため、ファンの LTV を上げる活動は悪いことではないのですが、ビジネスにとって必ずしもよい打ち手とならない可能性があります。

| ☑ コミュニティ内のLTV向上だけで成果を測ろうとしていないか |
| --- |

## 【失敗の要因⑤】

### コミュニティ運用のROI（投資対効果）が合わない

　最後に、多くのコミュニティにつきまとうROIの問題です。私も数多くのコミュニティ戦略に携わってきましたが、コミュニティの価値をコミュニティ内に留めてしまう場合、持続可能な運営が不可能になるケースがほとんどです。

　自分にしか味わえない「個別の経験」を求めるファンの期待に応えるためには、多くの場合それなりの運用体制とプラットフォームの運営コストがかかります。

　そのコストを投資と捉えるか、費用と捉えるかにもよりますが、あくまでコミュニティの成果はコミュニティ内で計測するという方針の場合、コミュニティ内にいるファンのLTVが増加した分の収益とコミュニティへ投資した費用を天秤にかけなければならず、結果的に求めていた結果を残せないまま撤退するコミュニティを私自身も数多く見てきました。

　特にマーケティング成果を単年度のROIで評価される大企業においては、**テスト的にコミュニティを始めたとしても、組織を横断した活動になっていかず、コミュニティ内の限定的な成果を残すだけで社内の評価が得られず、クローズになってしまう場合もあります。**

　一方で、持続するコミュニティの特徴は、コミュニティの成果をコミュニティの外の施策と連携して計測している場合が多いです。

> ☑ 　コミュニティ内の成果だけでROIを計測しようとしていないか

## 目的と手段は一致しているか

　このように、ファンコミュニティは一見よさそうな打ち手に見えるものの、**マーケティング活動全体の目的と手段が一致しなければ、せっかくのファンへの活動も失敗に終わってしまうことがあります**。コミュニティは近年各社が取り組んでいる手法でありながら、成果が生まれづらい背景は上記のような理由が影響しているといえます。表2-3に失敗する理由をまとめます。

| 失敗の要因 | チェックポイント |
|---|---|
| 本当のファンがコミュニティに参加してくれない | コミュニティに本当のファンを招くことは可能か |
| ファンがコミュニティで活動してくれない | ファンはコミュニティにアクセスし続けてくれるか |
| コミュニティでファンの熱量が高まらない | コミュニティ内のコンテンツだけでファンの熱量を高めようとしていないか |
| コミュニティ内のLTVを高めてもビジネスインパクトが生まれない | コミュニティ内のLTV向上だけで成果を図ろうとしていないか |
| コミュニティ運用のROIが合わない | コミュニティ内の成果だけでROIを計測しようとしていないか |

表2-3　ファンコミュニティが失敗する理由

## 全てのファンを囲い込むことはできない

　よく、打ち合わせの場でクライアント企業から「ファンを囲い込みたいんです」と言われることがあります。しかし、先述したコミュニティの失敗の要因を見ても、ファンを囲い込むことは企業の都合でしかなく、ファン自身は「企業に自分のことを囲い込んでほしい」とは思っていないかもしれません。果たして、ファンを囲い込んだ先には何があるのでしょう。

　私の経験では、「ファンを囲い込みたい」と思う担当者の事情には2つ

の背景があると考えています。

1つは「ファンに対して同時に、画一的に情報を届けるチャネルが欲しい」ということ。もう1つは「ファンの購入量への貢献を可視化したい」ということです。

前者は自社の「いけす」にファンを囲い込むことによって、情報に一斉にリーチさせるための「メディア」を欲していることと同じです。ですが、先述した通り、ファンが望むのは自分にしかできない「個別の経験」です。ファンを囲い込み、どのファンにも同じ情報を届けたとしても、必ずしもファンの好意度が高まっていくことにはつながりません。

また、後者のファンの購入量への貢献については、先述したコミュニティの「失敗の要因④（68ページ）」でも述べた通り、それを計測することによるビジネスインパクトが証明できない場合は、ただファンを管理するためだけの手段になってしまう可能性があります。そのため、**ファンの購入量の可視化のために囲い込みをしようとしている場合には注意が必要です。**

ファンも日々さまざまな情報に触れています。Apple が2016年に発表した報道機関向けの説明会によると、平均的な iPhone ユーザーは1日に80回 iPhone のロックを解除しているといわれています。また、ニールセンの調査によると、月に10回以上利用するアプリは約12個で、そのカテゴリーは「エンターテインメント」が最も多く、ついで「効率化／ツール」「サーチ、ポータルとコミュニティ」という結果になっています。

そのような環境においては、グローバルな動画プラットフォーム、SNSや Google カレンダー、Gmail などのようなサービスでない限り、**人が日常的に特定のサービスと永続的につながり続けるということ自体が不可能に近い考え**でしょう。

## 「誰を呼ばないか」を考える

会場や費用など環境による制約で招待できる人数が制限されるリアルな

イベントと異なり、オンラインのコミュニティを運用する場合は、コミュニティの規模を増やそうと思えばほぼ際限なく増やすことが可能です。そのため、企業がファンを囲い込む装置として使われやすい側面があります。一方で、より多くの顧客を自分たちのコミュニティへ招待し、囲い込む顧客を増やし続けた結果、「個別の経験」を提供できず、コミュニティが閉鎖してしまう例はいくつも存在します。

　せっかく立ち上げたコミュニティも、逆にファンの期待を裏切ってしまう結果になってしまっては本末転倒です。そうであるならば、ファーストフォロワーをはじめとした熱狂的な支持者たちとと共に、プロダクトやサービスのマーケティング活動の効果を高める施策を推進するという発想の方が、ROI が高く、貢献度の高い活動を推進できると考えます。

　多様で関心の異なるファンを際限なくコミュニティに招待してしまうと、コミュニティに集ったメンバー全ての期待値を満たそうとする内容になってしまい、かえって満足度が下がってしまうことがあります。仮に自社で自らコミュニティを運営する場合は、コミュニティに集う顧客の期待値を捉え、その期待値を超えていけるように、**まず「誰を呼ぶべきなのか」を明確に絞る必要があります。**

　『最高の集い方』（プリヤ・パーカー著 2019 年、プレジデント社）で語られている、Meetup の創業者、Scott Heiferman 氏の以下の主張が示唆に富んでいます。

　どうしたら、人が集まる価値のある何かを見つけられるのだろう？斬新で大胆で意義のある目的には、どんな要素があるのだろう？絶対に欠かせない要素の一つは、特殊性だ。的が絞られていて特殊であればあるほど、またその範囲が狭ければ狭いほど、そこに注がれる情熱は強くなる。わたしは仕事の経験からこのことを知ったが、あるクライアントがそれをデータで裏付けてくれた。「ミートアップ」はオフ会を企画するオンラインのプラットフォームだ。世界中の人がミートアップを使ってさまざまな目的で何千というオフラインの会を企画している。これまでに数百万もの人たちがミートアップを使って集まった。どうしたらオフ会がうまくいくの

かをミートアップの立者たちが調査したところ、意外な発見があった。最も人気があったのは、すべての人のあらゆる望みを満たすような、総花的な会合ではなく、特殊で的が絞られた集まりだった。「特殊であればあるほど、うまくいく可能性が高い」とミートアップの業者でCEOのスコット・ハイファーマンは話す。

出典：『最高の集い方 記憶に残る体験をデザインする』

　これは主にオフラインのイベント開催について語られたものですが、コミュニティに参加する動機という点で、ファンコミュニティにおいても共通したことがいえると私は考えます。

　『最高の集い方』でも、コミュニティの企画を立てることもさることながら、**コミュニティの参加者が「なぜ集まるのか」から設計していくことが必要だ**と著者は語っています。

　適切なコミュニティを設計するためには「誰を呼ぶか」よりも「誰を呼ばないか」を考えることが欠かせません。『最高の集い方』で "「誰を招かないか」は、この集まりが一体どんな会なのかを参加者に伝えるメッセージにもなる。" と書かれている通り、「誰を呼ばないか」がそのコミュニティやファンイベントの目的を雄弁に語ります。

　**「誰を呼ばないか」は、そのコミュニティへの参加者の背景にある文脈を考え尽くすことそのものです。** このプロセスこそ、ファンコミュニティでファンが集う意味があるための設計のポイントになります。

# 2-4 ファンとつくる体験のデザイン

## ■ 注目するのはファンの持つ資産

全てのファンを囲い込むことは現実的ではない、という前提に立って、ファンとどのように向き合うべきか。私の考えは「ファンの持つ資産を、顧客への価値としてレバレッジする」方法です。

BtoCにおけるコミュニティ運営において、コミュニティがマーケティング活動のなかで有効な手段となるためには、コミュニティを盛り上げることが本質ではなく、**コミュニティ内で発生したインタラクションをきっかけとして、コミュニティの外へその価値を広げることこそ、コミュニティ運営の本質的な活動になります。**

第1章で、ファーストフォロワーの役割について「ファンの持つ個別の経験からサービスの持つ価値を『見つける』こと」、次に「その価値を『伝える』こと」が重要になると述べました。

「見つける」のプロセスとして①行動→②文脈→③欲求→④価値の4つのステップを解説しましたが、コミュニティでもまさにこのステップを経て、ファンの持つ資産から価値を明らかにしていきます。つまり、**ファンの持つ資産とは、ファン自身が持っている個別の経験です。これこそ、サービスを提供する側ですら生み出すことはできない、ファンだからこそ生み出せるサービスにとっての価値の源泉になります。**

このようなファンの持つ資産は、定量調査だけで把握することは困難です。それだけではファンの個別の経験を紐解くことはできません。

ファンが何かしらのサービスを経験した後に、経験の詳細を明らかにすることはできますが、日常におけるファンの経験を、その場で発見することはできないのです。

熱狂的なファンが多いことで知られるスノーピークは、本社そのものが「HEADQUARTERS Campfield」という名称で、スノーピークの運営するキャンプ場のなかに建設されています。私も数年前にこのオフィス兼キャンプ場を訪れたことがあるのですが、オフィスからスノーピークのユーザーが自分たちの製品を使ってキャンプをしている様子が見えます。このスノーピークのオフィスは、オフィスがキャンプ場のなかにあるという設計の面白さ以上に、**ファンが日常的にスノーピークの製品を利用し、楽しんでいる様子を直接見ることができるという、ある種のコミュニティとしても捉えることができます**（図2-4）。

図2-4　HEADQUARTERS Campfield

出典：スノーピーク公式サイト（https://snowpeak.co.jp）

　この環境のなかでファンがキャンプを楽しむ様子を見ながら（時にはファンに話しかけながら）仕事をするのと、買ってくれたらそこがゴールという前提で、顧客が買うまでのプロセスだけを机の上で考えながら仕事をするのとでは、生み出すサービスの価値に雲泥の差が生まれるのは想像に難くありません。

　オンラインコミュニティやファンイベントでは、ファンが持つ資産をそ

の場で直接分かち合うことが何より重要です。その瞬間にこそ、ファンの持つ個別の経験＝資産が見えてくるからです。

## ■ ファンならではの「真実の瞬間」

「真実の瞬間（Moment of Truth）」という言葉があります。これは「消費行動における重要な顧客接点（とその瞬間）」を指す用語で、スカンジナビア航空の当時の CEO だった Yan Carlzon 氏の著書『真実の瞬間』（1990 年、ダイヤモンド社）で解説されている用語です。

1981 年にスカンジナビア航空の CEO に就任した Yan Carlzon 氏は、赤字経営に転落していた同社の経営を立て直すために、ターゲット層をビジネスパーソンに定め、ヨーロッパ路線のファーストクラスを廃止。その代わりに「ユーロクラス」という新しい区画を設けてサービスを充実させました。また、低迷していた業界での評価を向上させるため、これ以外にもさまざまな顧客サービスの見直しを行いました。

その際、年間で 1,000 万人の旅客が飛行機に乗ると、平均 5 人の乗務員に約 15 秒ずつ接する機会があることを明らかにし、その旅客と接する短い時間のなかで、競合他社と異なるブランド体験を提供することができれば、明確な差別化ができると判断。この顧客と接する 15 秒間を「真実の瞬間」とし、ブランドにとって最も重要な瞬間であると定義しました。

ここから、ブランドが消費者の意思決定に影響を及ぼす重要な接点が議論されるようになりました。

その後、2005 年に P&G の元 CEO Alan G. Lafley 氏がこの概念を捉え直し「顧客は店頭の棚に立った瞬間の 3〜7 秒の間に製品の購入を決定し、さらに家で使用する瞬間にその製品を再び購入するかどうかを決めている」という 2 つの Moment of Truth を提唱。これらの店頭での最初の顧客接点を「First Moment of Truth（FMOT）」、製品を使ってもらう瞬間を「Second Moment of Truth（SMOT）」と定義しました。

そして 2011 年に、今度は Google が FMOT の前に存在する「Zero

Moment of Truth（ZMOT）」を提唱します。顧客は店頭に来る前にネットで検索をし、商品のレビューを閲覧する。店頭で商品に触れる前の、Zero Moment の存在を定義したのです。

Google によると、**ZMOT の前に「Stimulus（なんらかの刺激）」があり、それがトリガーとなって人々は検索をする**と説明しています。一般的なテレビ CM や雑誌広告、何かしらの商品やブランドの刺激があって、人は Google の検索ページを訪れるという行動モデルになっているのです。

## 2020 年代で起きている変化

ここで私たちが考えなければいけないのが、2020 年代の現代において、この「Stimulus ＝刺激」の種類が大きく変わってきているということです。スマホの普及、SNS の台頭と共にこれらの接触時間が増加すると、そこから得られる情報が ZMOT への刺激として大きな影響力を持ってきたというのがここ 20 年で起きている変化といえます。

SNS のなかで発信されているのは「この服買ったよ」「英会話アプリ始めたよ」という購入・利用する瞬間の FMOT、「朝ラン継続中」「いつものカフェでコーヒー」という利用・継続中の瞬間の SMOT に加え、「このコスメほんとにいいから試してほしい」「愛車が今日も愛おしい」などのファンから発信される、熱量の高い声やコンテンツです。

これは、FMOT、SMOT に続く「Third Moment of Truth（TMOT）」です。この「第三の真実の瞬間」は、2006 年に P&G の Pete Blackshaw 氏が提唱したもので、一部のユーザーは製品・サービスを購入し、使って満足するだけでなくその本当の価値を伝えるクチコミやレビューを発信し、それが別のユーザーにとっての刺激に変化していくのです。この TMOT で発生する熱量の高いファンのクチコミや、それらを活用したコンテンツがまだ製品・サービスを利用したことのない顧客にとっての新たな ZMOT として影響を及ぼします。この構図が、新規顧客の意識を変容するうえで高い効果を生んでいるというのが、現代の顧客体験で起こってい

る大きな変化です。

　また、それと同時に変化しているのがググるからタグるへと変化した顧客の ZMOT における行動です。これまでは ZMOT といえばほぼ Google がその主要なチャネルでした。しかし、タグるという行動に象徴されるように **SNS の普及と共に ZMOT における行動は Google での検索だけでなく、SNS 上の検索という新たな行動も定着していることから、そのチャネルは複雑化していることも考慮しておくべきポイントです。**

　したがって、この TMOT で発揮されるファンの熱量を生かし、その熱量から生まれたコンテンツをいかに ZMOT における顧客行動にフィットさせるかということを考えていく必要があります。

　ファンの熱量をファンどうしで共有することももちろん意味のあることですが、それだけに留まらず、**その熱量をファンならではの「真実の瞬間」として ZMOT における顧客行動にフィットさせることで、そのサービスの価値をより効果的に顧客に届けることが可能になります** (図 2-4)。

　このように、ブランドに対して好意度の高いファンに目を向ける意義というのは、単にファンにより多く買わせるための「過剰なおもてなし戦略」ではありません。ファン自身が持つ個別の経験から獲得したブランドの価値を、より多くの顧客へ伝えてもらうために、ファンの持つ資産をレバレッジさせる視点と、そこから生まれるマーケティング活動こそ、ファンに目を向ける本質的な意義といえるのです。

図 2-4　ファンならではの「真実の瞬間」

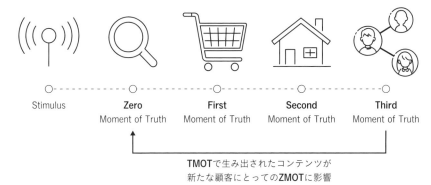

Stimulus　Zero Moment of Truth　First Moment of Truth　Second Moment of Truth　Third Moment of Truth

TMOTで生み出されたコンテンツが
新たな顧客にとってのZMOTに影響

　続く第3章・第4章では、この視点をもとに、各社のファーストフォロワーとの取り組みについて、具体的なエピソードを交えて紹介していきます。

第  部

事例で学ぶ
ファースト
フォロワーの
獲得・活用メソッド

第 **3** 章

共に
価値を「見つける」

## 3-1 ファーストフォロワーと価値を「見つける」

### 価値を見つけるプロセス

この章では、6社のインタビューを通して、ファーストフォロワーと共に、各社がどのようにサービスの価値を見つけてきたのかを解説します。

主に、価値を「見つける」プロセスについて解説をしていますが、インタビューではその価値を「伝える」プロセスも一部含まれています。

各社が価値を見つけ、伝えるまでの一連のプロセスを紹介しながら、価値を「見つける」ためのポイントを考察していきます。

第1章でも述べた通り、ファーストフォロワーと価値を見つけるには、①行動→②文脈→③欲求→④価値というプロセスで、そのサービスの核となる価値を見定める必要があります。しかし、そのプロセスを通してどのように価値の発見までたどりつくか、やり方はサービスによってさまざまです。

### ファーストフォロワーを見極める

そして、価値を見つけるまでのプロセスで重要なのは、「全ての顧客のいいなりにならない」ということです。各社に共通していえるのは、顧客の声に耳を傾けるなかで、自分たちのファーストフォロワーとなる顧客は誰なのか、複数の選択肢のなかから見極めています。インタビューのなかで注目していただきたいのは、顧客のなかからどのように自分たちのファーストフォロワーを見分けてきたのか、サービスならではの見分け方が存在しています。各社それぞれの見分け方から、読者の皆さんが自社のファーストフォロワーをどのように見分けていくべきなのかを考えながら

読み進めていただけたらと思っています。

　また、そのうえで重要なのは自分たちにとってのファーストフォロワーを見極めながら、常に自分たちのサービスが何を目指しているのか、顧客にとっての自分たちの存在を問い続ける姿勢が見られるということです。売上を上げるために逆算して施策を実行するという発想も重要ですが、そもそもその売上はサービスの価値を感じてもらえた結果として売上につながっているのか、サービスの独自性と顧客への価値を常に往復しながら価値を見定めています。

　インタビューでは価値の発見に至るまでの道のりを、手順として整理して解説するのではなく、その過程のなかで各社が経験したさまざまな紆余曲折を含めて掲載しました。そうすることで、ただの成功事例ではなく、顧客理解の過程のなかでどのような意思決定の岐路に立ちながらサービスの価値を定めていったのか、その背景を含めてお伝えしたいと考えたためです。

　各社のインタビューを成功例の1つとして捉えるだけでなく、想定外にあふれ、正解のない道筋の過程に何があったのかを紹介していきます。

## ■ 第3章で紹介する事例

| snaq.me | ファーストフォロワーの行動特性に寄り添う(84ページ) |
| --- | --- |
| PostCoffee | サービスを検証しながらファーストフォロワーにとっての価値を見定める(96ページ) |
| ファクトリエ | ファーストフォロワーへの徹底したPoC(106ページ) |
| objcts.io | 1人のファーストフォロワーに寄り添う(117ページ) |
| ポケットマルシェ | ファーストフォロワーを育成する(127ページ) |
| わざわざ | ファーストフォロワーの変化を見極める(137ページ) |

## 3-2 ファーストフォロワーの行動特性に寄り添う

おやつの時間を大切にするサブスク

| 企業情報 | 2015年設立。snaq.me（スナックミー）は、100種類以上のおやつの中から自分の好みに合わせた8種類のおやつの詰め合わせが定期的にポストに届く、おやつのサブスクリプションサービス |
|---|---|
| ビジネスモデル | サブスクリプションサービス |
| ファーストフォロワー | snaq.meを継続的に利用し、積極的にサービスにフィードバックをくれる熱量の高い顧客 |

図 3-1　毎月届くさまざまなおやつ

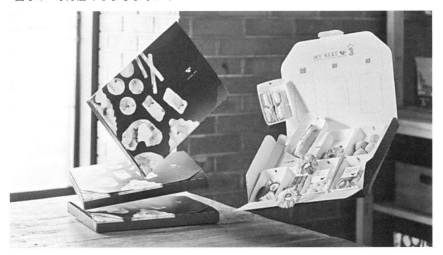

　スナックミーは100種類以上のおやつから自分の好みに合わせたものを定期的に届けてくれる、サブスクリプションサービス「snaq.me」を運営しています（図3-1）。創業当初は服部氏が直接マルシェに足を運び、仕

入れたお菓子を詰め合わせて販売するところから始まりました。

2016年のサービスローンチ当初は、少しずつSNS広告で集客をしながら、100人前後の顧客を獲得。その後、広告を止めても顧客の数が増えていっていることを発見しました。同社では、その100人の顧客の行動特性を詳細に把握し、寄り添うことでファーストフォロワーと共に価値を発見することに成功しました。

## 常連客の顔を覚える

創業当初、顧客が数百人の規模になるまでは、お客様への商品配送など、全ての業務を創業メンバーの3名体制で担っていました。そうすると、何度か同じ顧客から繰り返し注文が入っていることに気づき、飲食店が頻繁に来る常連のお客様の顔を覚えていくように、サービスを利用してくれるお客様のことを覚えていったといいます。また、創業メンバーを中心に、初期のカスタマーサポートでのコミュニケーションを密に行っていたこともあり、snaq.meを好きなお客様は個別の対話を通して自然と明らかになっていきました。

当初は今と比べてサービスも不完全な部分があり、お客様からサービスに対する要望のお手紙をもらったり、LINEやメールで連絡がきたりするケースもありました。そのため、アンケートをとって定量的に顧客の熱量をスコア化する必要はなく、自然と熱量の高いお客様を見分けやすい環境にあったといいます。

また、創業翌年にはイベントを開催し、来場するお客様から声をかけてもらえることも多く、それまでお名前しか知らなかったお客様と顔を合わせることで、徐々に顔と名前が一致していきました。

そして、顧客とのコミュニケーションツールとして**創業初期からLINEを活用。お客様から届けられる商品に対する要望をLINEで受け取り、その要望に対して返答することでお客様との会話が自然と密になっていきました。1人ひとりの顧客に丁寧に対応することを心がけ、機会があればお**

客様からのお話を聞いていました。その時点では、サービスのファンをつくるという意識よりは、丁寧にカスタマーサポート対応を行うことを優先して行っていたといいます。

お客様から要望を伝えてもらえることを自分たちのサービスに期待をしている証拠と捉え、積極的に声を聞いていきました。なかでも純粋に生活のなかに snaq.me を取り入れているお客様の声を聞くようにしたといいます。

## ■ 顧客の特異点を探る

なかでも自身の生活スタイルにおやつ時間があり、そのなかで snaq.me を取り入れているお客様を対象に、インタビューを実施。顧客にインタビューをする際は、ただ要望を聞くのではなく、実態としての行動を探ることを重視しました。snaq.me の商品をいつ開けるのか、どのようなタイミングで届いたおやつを評価するのか、おやつのボックスが届いてからなくなるまでの一連の行動を詳細にヒアリングします。そして、**一連の行動を顧客のファクトとして整理したのちに、その顧客の行動から欲求にたどり着くために、自分たちが想定していなかった商品の使われ方など、顧客のなかにある「特異点」を探ることで新たな発見を得るようにしているといいます。**

また、そもそもなぜ snaq.me を利用しているのか、その背景を探るために、snaq.me を利用する前はどのようなサービスを使っていたのか、サービス利用開始のきっかけを聞き、snaq.me が顧客にとってどのような価値を代替しているのか、顧客にとって何を提供できているかを確認します。

たとえばこのようなエピソードがあります。商品のボックスが届いたら、なかに入っている8種類のおやつを全部裏向きにして、シャッフルして重ねて保管している顧客がいました。なぜそのような行動をしているのかを紐解いていったところ、届いたおやつを自分が食べたい順番に食べ

てしまうと、最後に好みではないおやつが残ってしまうため、それを避けていると話してくれたそうです。

　つまり、自分の生活にとって大切な「おやつ時間」をより豊かに過ごすために、自分でもどんなおやつが出てくるかわからないよう工夫しランダム性を持たせることで楽しみながらボックスを選んでいることがわかりました。自分にとって大切な「おやつ時間」がより豊かなものになるように、お客様自身が体験に演出を加えていたのです。その声がきっかけとなり、おやつの時間をより楽しめるようサービス体験を見直すことにつながっていきました（図3-2）。

図 3-2　届いたおやつを重ねられるボックス

　届いたボックスに入っているおやつを裏側にして重ねるという行動は、その表面的な事実だけを見るとなぜそのような行動に至ったのかを理解することが難しく、サービス体験を改善するためのヒントにはなりづらいかもしれません。しかし、ファーストフォロワーが「おやつ時間」を豊かに演出するための行動として、背景にある文脈を解釈できれば、サービス体験の貴重なヒントになりうることを示す好事例といえます。

　さらに、継続的なインタビューを通じてファーストフォロワーの声に耳

を傾けていった結果、「おやつを食べている瞬間」と同じかそれ以上に「おやつのボックスを開ける瞬間」にsnaq.meに価値を感じているということが判明していきました。

つまり、snaq.meの体験価値を高めているのは、届いたボックスを開封して何が入っているかを見る瞬間だということがわかったのです。その結果、マイページ上でも擬似的な開封体験ができるようにするなど、顧客にとってのsnaq.meの価値をより明確に定めることができているといえます（図3-3）。

図3-3　擬似的な開封体験

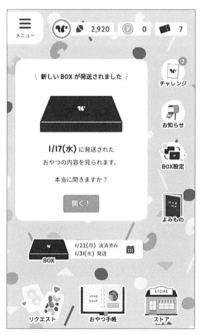

このようにファーストフォロワーの行動からその背景にある文脈を探ることによって、お客様にとってのサービスの重要な価値は何なのか、より明確に把握することが可能になったのです。

## 価値が循環する体験設計

　一方、ファーストフォロワーがその他のお客様に対して果たした役割も少なくありません。snaq.me のサービス開始当初、多くの人にとってサブスクでおやつを買うという習慣がまだ定着しておらず、新規顧客が利用を開始する心理的なハードルが高かったといいます。そのため、おやつのサブスクを自分の周りの人も利用しているということを知ってもらえるかが、サービスの利用につながると考えました。

　そこで、SNS における UGC（User Generated Content：ユーザー生成コンテンツ）をしっかりと見せることが、新規ユーザーの利用ハードルを下げることにもつながるという考えに至り、おやつ体験のなかで写真を撮影して UGC を増やしてもらう手段を検討。すでに生まれている数々の UGC のなかで、届いたおやつそのものを紹介している UGC ではなく、ファーストフォロワーが高い価値を感じていた「おやつのボックスを開けている瞬間」の UGC に注目しました。

　ファーストフォロワーがサービスの価値として最も期待している瞬間が表現された UGC の投稿を促進する施策を実施し、ユーザーの投稿を促します。SNS 上で「＃推しスナックミー」「＃マイスナックミー」というハッシュタグで生まれている UGC は、そのようなサービス体験を後押しするものになっています。これらを多くの顧客に SNS で発信してもらうことによって、新規顧客の心理的な購入ハードルを下げる役割を果たしているのです。

　加えて、サービスの特徴として、それぞれの顧客にパーソナライズされた商品ラインナップが届く設計になっているため、届いた 8 種類のおやつのラインナップを見て、顧客自身が自分に好みのおやつが届いていることを実感する効果もあったそうです。

　さらに、既存顧客も UGC を見て、「自分もこのおやつが食べたいからリクエストしよう」とマイページを訪れてリクエストする、という循環も見られることがわかりました。

他にも、届いたボックスを工作して作品を作っている人をSNSで発見すると、他の顧客が真似をできるように公式でも工作のやり方をまとめてボックスに同梱したり、おやつの裏についている原材料表記を手帳にまとめている人をSNSで発見すれば、「おやつ手帳」というコンテンツをマイページ上につくったりするなど、顧客のおやつ体験を後押しするような施策を常に継続しています。

## ■ 顧客の行動の背景を後押しする

　同社では、今でも数々のUGCがSNSに投稿されているなかで、顧客のなかで特徴的な行動に注目し、その行動の背景にある文脈を後押しするようにしているといいます。**一貫して、「おやつ時間」が充実するような文脈で行動している顧客を発見し、それを後押しすることでsnaq.meのサービスとしての価値を高め続けているのです。**

　このように、スナックミーではファーストフォロワーにとっての価値をUGC促進に活用し、新規顧客に対するコミュニケーションとしても活用していることがわかります。顧客にとって、定期的に届くおやつのボックスを開封し、SNSに投稿しながら他の顧客に届いたおやつを確認することも自身の楽しみになっていることに加えて、新規顧客の利用ハードルも下げる効果が生まれています。

　スナックミーでは、この一連の循環までがサービスとしての価値であるという考えに至りました。これらの一連の体験設計は、ファーストフォロワーにとってサービスのコアな価値が何なのかを明確に定められているからこそ、設計できているといえます。

## ■ 顧客の声を拠り所にする2つの視点

　もともとスナックミーでは、最初から完璧な商品をつくって販売するというプロダクトアウト的な発想ではなく、Webサービスのように顧客か

らのフィードバックを得ながら、ブランドやプロダクトをつくっていくスタイルを志向していました。はじめは簡易的なダンボールにsnaq.meのハンコを押しただけのボックスから始まり、顧客の声を聞きながらサービスをブラッシュアップすることを前提に考えていきました。

　また、「顧客の声を聞く」といっても全ての顧客の声に従うわけではなく、誰のどのような意見を拠り所にすべきか、2つの視点から判断をしています。1つは「熱量の高さ」。これは単純にsnaq.meが好きかどうかだけではありません。インタビューを継続していくなかで、snaq.meが好きといってくださっている顧客のなかでも、「無添加のおやつが食べられる」ことに価値を感じている顧客と、「おやつが届いたときの開封体験」に価値を感じている2つのグループがいることを発見。そのうち、顧客との会話を通して、snaq.meの拠り所にすると決めているのは後者のグループです。

　なぜなら、前者は「無添加のおやつが食べられる」ことに価値を感じている顧客なので、近くに無添加のおやつを売っている競合ができたら流れてしまう可能性があったり、出かけなくても無添加のおやつが食べられるという利便性からサービスを選んでいたりすることがわかったからです。

　snaq.meというサービスそのものに価値を感じていたり、日々の楽しみにしてくれていたりするのは、後者の「おやつが届いたときの開封体験」がよいと語ってくれた顧客でした。

　また、snaq.meを利用することで生活が豊かになったと感謝の手紙をくれるのが後者の顧客が多かったというのも、彼らの声を拠り所にしようと決めた理由の1つでした。

　もう1つの視点はビジネス規模です。たとえ深いニーズがあったとしても、そのニーズがニッチすぎるとビジネスとして成立させるには限界があります。ビジネスとしての市場が狭すぎるとその価値は広がりません。ネガティブチェックとしてその市場がどれぐらいあるかを確かめながら、誰の声を聞くべきかを常に判断しています。

## 継続的に顧客の解像度を高め続ける

　スナックミーでは、**創業者の服部氏自ら顧客の声を聞くことを習慣化し、組織全体で顧客の声を聞くというカルチャーが根付いていることも大きなポイントです**。場合によっては顧客の自宅へ訪問し、直接会話をすることも少なくありません。また、自宅訪問と並行してファンを招くイベントも約2ヶ月に一度のペースで実施しており、4〜5人を招いて顧客理解のためのワークショップを実施しています。

　自宅訪問では、自宅を見せてもらうことで、顧客が普段どのような生活をしているかがわかります。そのなかでも、ポイントは顧客に事前に許可をもらったうえで自宅の冷蔵庫を開けてもらい、どのような調味料があるかを見させてもらうことです。

　食に対して一定のこだわりを持っていると原材料を気にして普通の調味料を購入しないケースが多く、少しこだわった、一般的にあまり売られていない調味料が揃っていることがあり、食に対するこだわりを垣間見ることができます。また、その他にも多くの種類のお茶や紅茶を揃えていたりするお客様も snaq.me のファンである可能性が高いといいます。電話で普段食べているものを聞くよりも直接見ることで、より詳細に実態を把握することができるのです。

　このように食の時間にこだわっている人は、自身の生活のなかでおやつ時間を充実させようとしている傾向があります。そういった人々の声を常に聞きながら、サービスとしての体験に落とし込んでいくことで、snaq.me がただ無添加のおやつのサブスクとして価値を提供するのではなく、おやつ時間が豊かになるための体験を提案することを通して、snaq.me の価値を高めることにつながっています。

## 顧客の声を聞き続ける

　これらの顧客理解のポイントは繰り返し継続的に顧客の声を聞き続ける

ことによって、少しずつ発見したものです。今でも定期的に顧客の自宅を訪問しながら、少しずつファンの傾向を把握する努力を怠らず、ファンの傾向を仮説を立てながら検証を繰り返しているのです。

　一方、ファンを招いたイベントの目的はスナックミーにとっての顧客像を明確に持つことです。多くの企業では仮想でペルソナを作り上げることが多いですが、スナックミーでは実際にイベントを通して、スタッフにファンの方と会話をしてもらいます。そうすることで、何か施策を検討する際にも「この前会ったあの人ならこの施策を喜んでくれるだろうか」と、より具体的に施策を届ける相手の想像がつくようになります。

　たとえば、グルテンフリーを好む人にイベントで会っていれば、グルテンフリーの商品を開発するときに具体的なイメージがわくので必ず役に立ち、1人の顧客を深く考えることによって結果的に多くの顧客のニーズに合致する可能性が高まります。誰に向けてサービスを提供すべきか、想像力が高まり、スタッフ1人ひとりがその相手をより明確にイメージすることができるのです。

## 顧客の声とビジネスモデルの設計

　スナックミーでは、ビジネスとして売上を見込める市場規模の最大値（TAM：Total Available Market）を「サブスクでおやつを購入する人」と限定しています。さまざまなビジネスの規模を追い続けるあまり、もともといたファンが感じていた価値と、新規顧客が感じる価値が乖離していってしまうという課題はよくあることですが、スナックミーにおいては、サブスクというビジネス形態とその規模は連動すると考えています。

　もともと、服部氏がVCでスタートアップへ出資していた経験から、イノベーターやアーリーアダプターからアーリーマジョリティへ広げられるかどうかは市場の選択と運によるところが大きいという考えのもと、**無理にアーリーマジョリティのニーズに寄り添ってサービスの価値を下げるよりも、とにかく熱量の高いファンに寄り添ってサービスの価値をブラッ**

**シュアップした方がよいという方針があります。**

　ビジネスがマス規模でグロースするかどうかは、そこに市場があったかどうか、またそのタイミングが適切かどうか。それを見極める経験値があるからこそ、サービス側が市場の変化をコントロールできない前提に立ち、今の市場に対して自分たちが適切に対応できるかどうか、その柔軟性が最も重要と考えています。

　だからこそ、ファーストフォロワーをはじめとした熱量の高いファンに寄り添い、常にそこからヒントを得ることを大切にしているのです。


## ■ snaq.me の価値の見つけかた

　snaq.me の価値の見つけかたを整理すると、図 3-4 のようにまとめることができます。

図 3-4　snaq.meの価値の見つけかた

| カスタマーサポートにより、熱量の高いお客様からの声を受け取る | インタビューを実施し、熱量の高い顧客の「特異点」を探る | snaq.meの価値が最大化している瞬間を把握する | 継続的に顔を見られる距離でお客様との接点を持ち、ファーストフォロワーを見定める |
| --- | --- | --- | --- |
| LINEでお客様の要望に丁寧に対応 | 届いたおやつを裏向きにして重ねて保管するなど、ボックスが届いた際の体験で特異点を多く発見 | ボックスが届いたときの開封体験に高い価値を感じていることが明らかに | 調味料にこだわっている人は相性のいいファンと認識 |

　スナックミーのサービスの価値の見つけかたは、全ての顧客の声を聞くのではなく、①熱量の高いファンに寄り添うこと、②ビジネスの市場規模

の2つの視点からファーストフォロワーを見定め、価値に落とし込んでいること、という特徴が見えてきます。

　また、サービスの価値を感じている瞬間のうち、どの瞬間が価値が高まるか、そのポイントを紐解き、「おやつが届いたときの開封体験」をその重要な1つと定めていることも、大きな特徴です。そこからファーストフォロワーの持つ行動特性を導き出し、「誰の声を聞くべきなのか」を明確にしているからこそ、スナックミーならではの価値を顧客に提案できているといえます。

**服部 慎太郎**（はっとり・しんたろう）

1981年生まれ。慶応義塾大学大学院修了後、日本総合研究所、ボストン・コンサルティング・グループにてコンサルティング業務に従事。その後、スタートアップを経て、ディー・エヌ・エーにてベンチャー投資業務を約2年間行う。2015年9月に独立し、株式会社スナックミーを設立。

https://snaq.me/

# 3-3 サービスを検証しながらファーストフォロワーにとっての価値を見定める

全国のロースターの流通インフラを目指す

| 企業情報 | 2018年設立。約30万通りの組み合わせから、自分専用にカスタマイズされた美味しいスペシャルティコーヒー豆が毎月ポストに届く定期便サービス |
|---|---|
| ビジネスモデル | サブスクリプションサービス |
| ファーストフォロワー | PostCoffeeを継続的に利用し、積極的にサービスにフィードバックをくれる熱量の高い顧客 |

図3-5　毎月好みのコーヒー豆が届く

　POST COFFEE が運営している「PostCoffee」は自分の好みに合った全国のスペシャルティコーヒー豆が毎月定期的に送られてくるサブスクリプションサービスです（図3-5）。独自のコーヒー診断によって、好みのコーヒー

豆が毎月届き、さまざまなコーヒーの味を自宅で味わうことができます。

　もともと、創業者の下村氏はPostCoffeeを始める前にコーヒーショップを経営していた経験から、店舗という業態の特性上自分たちの商圏の外にコーヒー豆を流通させることの難しさを痛感。その課題を解決するべく、全国のロースターのコーヒー豆を届けることができる流通インフラの整備を目指しています。

　現在では利用者の継続率は96％（2024年2月時点）、サブスクのコーヒーといえばPostCoffeeという地位を築くまでに成長していますが、β版から現在に至るまでにはさまざまな顧客理解のプロセスがありました。

　PostCoffeeがたどったファーストフォロワーを見定めるまでのプロセスを紹介します。

## β版でのサービス開始

　まず、2019年にサービスのβ版としてiOSアプリを1年間運用した後、翌年の2020年に正式版をローンチしました。するとコロナ禍の巣ごもり需要も後押しし、約3ヶ月間でβ版から7倍の成長を遂げます。

　β版をローンチした際、まずはイノベーター層やアーリーアダプター層に早めにリーチすることを目標に、TechCrunchなどのテック系のWebメディアへの掲載を獲得することに特化した活動を優先させていました。「コーヒー×テック」を同社の特色としていたこともあり、結果的にローンチと同時に複数のテック系メディアに掲載され、新しい文脈でコーヒーの話題をつくることができたといいます。

　そして、初期に行った施策の1つとして、Webメディアへの掲載と並行してβ版のローンチイベントも行いました。原宿のイベント会場を貸し切り、200〜300人程の規模で実施。事前にInstagramやX（旧Twitter）でユーザーになりそうな人に、大量のDMを送ってイベントへ招待したのです。

　イベントに実際に来場したユーザーからは反響が大きく、会場の熱狂ぶりを見てサービスがスケールする可能性を感じたといいます。会場では、

どのようなアプリだったら使いたいかをスタッフが直接ヒアリングしながら、その後のサービスの示唆を得ていきました。

　さらに、イベント実施の狙いはアプリの体験だけではなく、そこからUGC を発生させることでした。そのため、**招待したユーザーのほとんどは Instagram や X（旧 Twitter）を日常的に活用している人ばかり。会場にも SNS に投稿しやすくなるような仕掛けをつくり、結果的に多くの UGC が発生しました**（図 3-6）。

図 3-6　写真を撮りやすい場所をつくる

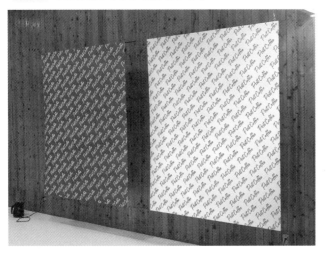

　この背景にあるのが、そもそも広告予算がないという事情もありますが、下村氏自身が消費者として広告から商品を購入する体験が少なくなっていると実感していたことです。それよりも、友人や知人が「これよかった」と SNS で投稿しているものを見て購入することが多く、まずは UGC が増えるような施策を優先させたという背景がありました。

## コーヒーの市場に存在する多様なニーズ

　サービスを始めた当初、コーヒーを注文できるアプリに対してどのようなニーズがあるかわからなかったため、スペシャルティコーヒーに対するニーズがSNSの投稿内容に現れてくることを期待していたといいます。そのため、下村氏を中心にUGCを投稿テキストまでしらみつぶしに目を通し、そこにどのようなニーズがあるのかを探っていきました。

　そこでまず感じたのは、コーヒーのニーズが多様で「Who」が分散していること。生活のなかでコーヒーを飲むシーンはさまざまなシチュエーションが考えられます。「リラックスするため」「気合を入れるため」「タバコと一緒に」など、コーヒーを求めるシーンは人それぞれでした。コーヒーのマーケットは想像以上に多様で細かいニーズが分散していることがわかってきたのです。その多様なコーヒーの飲用シーンのなかで、どのようなニーズが最も強いかを紐解いていきました。

　アプリを展開していたβ版のサービスでは、Amazon Dash（特定の商品のロゴが描かれた物理的なボタン。押すだけでその商品が注文できる）のように、2タップするだけで翌日にコーヒーが届くサービスを展開しようとしていました。β版ローンチ後に発生したUGCを見ていくなかで、同じようなニーズを持っているユーザーが少なからずいたため、サービスの方向性として間違っていなかったと確認できたのです。それと同時にコーヒーに関するさまざまなニーズがUGCによって可視化されていきました。

## ユーザーインタビューでの発見

　しかし、そのようなニーズの多様性は把握できたものの、β版の公開から1年ぐらい運用を続けても、なかなか顧客の獲得は思うようにいきませんでした。サービスの「Who（誰が顧客なのか）」と「What（届ける価値は何なのか）」がうまく重なっておらず、多くのメディアに掲載されたものの、そこからうまく顧客を獲得することはできなかったのです。

その課題を打破するために、UGC の把握はもちろんのこと、β版を継続的に利用してくれていたヘビーユーザーを対象にインタビューを開始。ユーザーのニーズをより深く探っていくことにしました。

インタビューでは普段の生活スタイルや、どのタイミングでコーヒーを飲んでいるか、どのようなサービスから PostCoffee へ代替したのか、PostCoffee 以外のことも含めて聞いていきました。**ただ PostCoffee を選んだ理由を直接聞くのではなく、コーヒーのある生活スタイルをヒアリングしていったといいます。**

あるときユーザーインタビューで、コーヒー体験で失敗をしないためにどのようなサービスが欲しいかを聞いていたところ、「コーヒー豆のお試しみたいなものがあるといい」と話すユーザーがちらほらといることに気づきました。そこで、UGC を見てみると、「PostCoffee でコーヒー豆を買ったはいいけど、全く自分の好みと違っていたため、どなたかにあげます」という趣旨の投稿が上がっていました。

当初の β版では現在のようなサービスとは違い、コーヒー豆の EC として 150g 単位で販売していたため、好みではないコーヒー豆が届いてしまった場合、その体験は顧客にとって非常にネガティブなものになってしまうと判断したのです。

そこから、3 種類のコーヒー豆が約 3 杯分ずつ届けられれば、ユーザーの間口を広げることができるかもしれないという発想にたどりつき、現在のようなサービス形態が出来上がりました。


## ■ 価値を届けるべき理想の「Who」は誰か

サービス開始当初、PostCoffee では顧客をコーヒーのリテラシーを軸にセグメントしていました。しかし、そのセグメントで顧客を見ても、ターゲットとなる「Who」に対して、価値としての「What」がフィットしてこないことに気づき、セグメントの軸をいくつか模索しながら、そこに対応する価値を探っていきました。ですが、どれだけセグメントの軸を変え

てもなかなかしっくりくるような分類はできませんでした。そこで、顧客の声を聞くことが始まったのです。

　PostCoffee を継続的に利用してくれているユーザー数十人にインタビューを実施し、その声をもとにユーザーの属性を分類して、現在の顧客層に着地しています。コーヒーはマーケットのニーズが分散していて、「Who」が多様でバラバラであるという特徴があります。そのなかでもユーザーの傾向をつかんでいくために、**まずはインタビューをもとに顧客を 7 つのセグメントに分類し、PostCoffee にどのようなユーザーが多いのかを分析していきました**。そして、7 つの顧客セグメントのうち、PostCoffee にとって重要な顧客として 3 種類のユーザーが存在することが見えてきたのです。

## 重要な 3 つの層

　まず、PostCoffee に最も多いのは、自身の QOL を高めたいという「ミーハー」なユーザーです。このユーザーはコーヒーにこだわるというよりも、コーヒーのある生活スタイルを重視しており、趣味も多く、第三者から見るとライフスタイルがとても充実して見えるユーザーです。ただ、趣味が多様なため、「趣味は何ですか」と聞いてもコーヒーと答えることはありません。

　次に「ギーク」というユーザーも存在します。このユーザーはコーヒーが大好きで、自身のコーヒー豆はロースターからしか購入しません。典型的なコーヒー好きの人です。

　最後に「マダム」というユーザー。自身の QOL を高めるために学びたい欲求が強く、コーヒーのことについて知りたい、学びたいという知的欲求の強い人が該当します。このユーザーは自身の知的欲求の範囲内にコーヒーが入ってくると、PostCoffee のファンになる傾向があり、女性が多いという特徴もあります。また、コーヒーの生産や品種に興味はあるものの、ロースターへの興味は薄いのも特徴です。

PostCoffeeでは主にこの3つの層を自社にとって重要な顧客と定め、現在でも常にインタビューを実施しています。下村氏も自らインタビューに立ち会い、週に1時間程度、1～2名から直接話を聞いているのです。この3つの層に対して、今もその価値をフィットさせるために、常にPostCoffeeの価値を見定めています。これがPostCoffeeにとっての「Who」と「What」を合致させるための活動になっているのです。

**β版のローンチ当初に獲得した「Who」が顧客につながらなかった教訓から、「What」が合致する層に対して、サービスをフィットさせ続ける努力を徹底しています。**

## ファーストフォロワーから生まれたサービス改善

このように、ファーストフォロワーへのインタビューとUGCの分析から、サービスの価値を高めるためにさまざまな施策が生まれています。たとえば、コーヒー豆を入れているコーヒーボックスはUGCが発生しやすいようにつくっていましたが、当時はそのボックスの止め口をテープで貼っていました。

一定のUGCは生まれていたものの、コーヒーボックスに関するUGCのコメントを見ると、その一部には「テープの剥がし方を失敗して、ボックスが破れてしまった」という内容が投稿されていたことがあります。せっかくUGCにあげてくれているのだから、テープは綺麗に剥がして投稿したいはずです。それ以降、ボックスを傷つけない透明のバンドを巻くようにしました。

他にも、コーヒーボックスのなかに同梱していた数ページの冊子が「捨てづらい」という声を聞くようになりました。冊子自体は入っていて嬉しいものの、その後の体験がネガティブなものになっているのであれば、その体験は再検討する必要があります。その後、同梱されていた冊子はロースターのインタビュー記事が掲載されたタブロイド形式のものに生まれ変わり、読みやすく捨てやすいようにアップデートされました。

また、とあるお客様はコーヒーのパッケージに貼ってあるラベルを切ってノートにファイリングし、コレクションしていました。UGCを見てもそのようなユーザーがちらほら見られることから、今ではパッケージのラベルが剥がしやすいようになっています。

　このような細かい体験のブラッシュアップもUGCとインタビューからヒントを得ています。また、これらのサービス体験の改善は公式から発表するのではなく、**ユーザーに自然と気づいてもらえるようにもしているといいます。**

　一方で、**ファーストフォロワーのネガティブな声も、サービスの価値を高める施策として生かされています。**今までは毎月届くコーヒーボックスのなかにおまけとしてクッキーが入っていました。これは、コーヒーと一緒にちょっとした驚きや楽しみ、お得感を生むために同梱していたものでしたが、あるとき「クッキーはいらない」「クッキーが溜まって困る」という声が現れ始めました。

　その真意を掘り下げていくとクッキーを同梱することが必ずしもコーヒーの体験を豊かにすることにつながっていないということがわかり、PostCoffeeの価値を高めることに必ずつながるわけではないという判断にいきつきました。クッキーがなくてもPostCoffeeのエンゲージメントは変わらないどころか、むしろネガティブな要素をつくってしまっていました。サービス体験がポジティブに働くように付加していたものが、逆に働いてしまっていたのです。

　このように、サービスの引き算についても常にファーストフォロワーの声から検討をしています。コーヒーを飲んでいる瞬間そのものというよりも、PostCoffeeが届く体験自体の価値を、ファーストフォロワーからヒントを得ながら少しずつ継続的に高め続けているのです。

　POSTCOFFEEでは、このように顧客の声に耳を傾けサービス体験そのものをアップデートし続けることで、顧客の満足度につなげていくことを実践しています。これらのサービス体験の改善によっていかに満足度が高まったかどうか、カスタマーサポートに寄せられる声をカテゴライズしな

がらチェック。サービス改善がポジティブとネガティブどちらに転換しているかも定性的にウォッチしながら、判断をしています。

## 日本国内のロースターの流通インフラをつくる

日本国内のロースターはまだまだ小規模なナノロースターが多いのが現状です。一方、欧米に目を向けると、規模の大きなロースターが多く存在しています。その違いは流通構造が整っているかどうかだといいます。

欧米だとホールフーズなどでローカルロースターの豆が棚に並んでいる一方で、日本のスーパーは大手メーカーのコーヒー豆しかないのが現状です。欧米ではローカルロースターの流通が整っていて、自分たちの商品を流通させる手段が確立されているのです。

欧米にスペシャルティコーヒーを集める専門業者があるように、POSTCOFFEEはそこを担い、消費者への出口をしっかりつくっていくことが目標です。

今POSTCOFFEEと取り引きをしているロースターとも、POSTCOFFEEに流通させればちゃんと売れるという関係性をつくっていきたいといいます。今ではPOSTCOFFEEが仕入れているロースターのなかには、全体の売上の1〜2割をPOSTCOFFEEが占めるぐらいに成長してきているのが現状です。そこからさらにもっとロースターの手助けをしていきたいという思いがあります。

## PostCoffee の価値の見つけかた

PostCoffee の価値の見つけかたを整理すると、図3-7のようにまとめることができます。

図 3-7　PostCoffeeの価値の見つけかた

| 仮説から<br>ターゲットを<br>設定し、UGCを<br>発生させる | 発生したUGCから<br>サービスとフィット<br>した「Who」を<br>洗い出す | インタビューを<br>実施して重要な<br>顧客セグメントを<br>特定 | 重要セグメントの<br>顧客満足度を<br>高めながらCXを<br>アップデート |
|---|---|---|---|
| β版のサービスを<br>ローンチして、<br>イベント起点でUGC発生 | 発生したUGCの全てに<br>目を通して、<br>コーヒーの飲用シーンに<br>おけるニーズを把握 | インタビューで出てきた<br>ヒントをUGCと照らし<br>合わせて、サービスの<br>「Who」と「What」を<br>フィットさせる | 定期的なインタビューと<br>UGCの把握によって、<br>パッケージや同梱物を改善 |

コーヒー追究　おしゃれ　充実　改善　インタビュー・UGCの把握

　POSTCOFFEE では、多様なシーンで飲用されるコーヒーという特性から、「Who」と「What」を合致させることを模索し、β版から本ローンチまでに、多様に存在する顧客のニーズから POSTCOFFEE にとってのファーストフォロワーを特定しました。ファーストフォロワーの声を聞きながら、彼らの満足度を高め続けることで、サービス全体の顧客体験をアップデートし続けているのです。

下村 領（しもむら・りょう）

1982年6月生まれ。2005年Webサイト制作会社を立ち上げ、グラフィックデザインなどを主軸にデジタルクリエイティブを手掛ける。2013年渋谷区富ヶ谷にコーヒー店兼コワーキングスペース「メイカーズコーヒー」をオープン。2018年9月ポストコーヒーを創業。

https://postcoffee.co/

## 3-4 ファーストフォロワーへの 徹底したPoC

「工場希望価格」を実現するメイドインジャパンのファッションブランド

| 企業情報 | 2012年設立。日本のアパレル工場と直接提携し、こだわりのつまった一流の"語れる逸品"を開発するメイドインジャパンの工場直結ファッションブランド |
|---|---|
| ビジネスモデル | EC・フィッティングスペース（銀座・熊本） |
| ファーストフォロワー | ファクトリエへのロイヤルティが高く、商品開発やサービス改善に積極的に関与してくれる顧客 |

図3-8 "語れる逸品"を開発している

　ライフスタイルアクセントが運営しているファクトリエは「語れるもので日々を豊かに」をミッションに掲げるメイドインジャパンのアパレルブランドです（図3-8）。全国の工場と直接取引し、それまでファッション業

界ではタブーとされてきた生産元の工場の情報を公開し、通常のファッション業界で当たり前とされている「希望小売価格」ではなく、**工場での生産にかかった原価をもとに価格を決める「工場希望価格」で販売しています**。ファッション業界では極めてイノベーティブな方法で服を販売しているブランドです。

ファクトリエでは、自社のロイヤルティの高い顧客（＝ファーストフォロワー）から商品発売前にフィードバックをもらいます。そのフィードバックを参考に徹底的に満足度を高め、「ロイヤル顧客全体に支持を得られる」と確信を持てた状態でなければ、商品自体を発売しない判断を徹底しています。

自分たちが大切にする顧客に圧倒的に支持されるための、ファーストフォロワーへの検証プロセスを紹介します。

## 掲げるミッションと大切にする顧客の定義

ファクトリエは「語れるもので日々を豊かに」というミッションにある通り、従来のファッション性や経済性ではなく、「作り手の想いで買う」商品を販売していくことを大切にしています。ファクトリエには、もともとロイヤルティの高い顧客が存在しないと継続的に売上が伸びないという考えが根底にあり、ロイヤルティの高い上位20％のファーストフォロワーを大切にしています。

ファクトリエの顧客はロイヤルティに合わせて5段階に分かれており、最上位の顧客は「アンバサダー（勧めてくれる）」顧客と定義されています。

同社はファーストフォロワーの定義を明確に定めていますが、それは、ファクトリエのミッションと密接に連動しています。顧客のロイヤルティを測る指標にNPI（次回購買意向）とNPS（推奨度）があります。顧客全体の平均で捉えてしまうと、本当に大切な顧客が何に満足しているのかがわからないという状態に陥ってしまうことがあります。

そのため、ファーストフォロワーが大切にしていることと、一般の顧客

が大切にしていることは分けて整理しなければ、結果的によい商品をつくることにはつながりません。まずは上位20%のロイヤルティの高いファーストフォロワーが求めている価値は何かを把握し、そのニーズを反映した商品やサービスをつくることが重要です。ファクトリエでは、ロイヤルティの高い顧客に絞って、彼らに徹底的に寄り添うことでサービスの価値を研ぎ澄ませています。

また、売れている商品のなかでも、**ロイヤルティの低い顧客しか購入していない商品については今後製造しない、もしくは価格を上げて利益に貢献できる状態にするという方針まで存在しています。**

このように、掲げるミッションとそのミッションに関連した自分たちが本当に大切にしたい顧客を明確に定義し、その顧客の定義を軸としながら、商品やサービスの価値を高めることを徹底しているのです。

## ■ 顧客が価値を感じている文脈を把握する

顧客には毎月定期的にインタビューを実施しており、ファクトリエと出会ってから現在までのヒストリーを全て紐解き、ファクトリエとのそれぞれの接点において具体的に定量でスコアをつけてもらいながら、体験を深掘りしています。ファクトリエを知ったきっかけ、知ったときに共感したこと、店舗の接客、ECサイトのUI、届いた商品の同梱物に至るまで、何が顧客の熱量を高めたかを把握しています。

一方でネガティブな体験についても調査しています。たとえばファクトリエのことを好きでも、「同じ商品をもう一度買おうと思ったら、廃盤でなくなっていて残念だった」などの声が届いたことから、**新商品を数多く出すよりも気に入った商品が廃盤にならない方が大事という示唆を得ることができました。**

また、インタビューした顧客を、次回購買意向・推奨度それぞれの軸で分類。年単位で変化を見て、どのような商品やサービスを受けたのか、もしくはどのような人であれば上がりやすいのかなど、さまざまな軸でそれ

ぞれの顧客層にどのような特徴があるかを分析し、生かしています。

　また、2016年にテレビ東京の「カンブリア宮殿」に紹介されたことを
きっかけにファクトリエを知った顧客も多く、インタビューでは「カンブ
リア宮殿」のどの部分が印象に残っているか、その具体的なシーンを聞く
ようにしているといいます。

　視聴者が印象に残っているのが工場ツアーの様子なのか、利用者の声な
のか、ファクトリエのビジネスモデルなのか、創業のきっかけなのか、ビ
ジネスの社会性なのか、工場探しをしている様子なのか、工場の後継者に
ついてなのか、それによってファクトリエを知ったきっかけは一緒でも感
じている価値が顧客により異なってきます。

　たとえば、高級ブランドを手がける工場の商品を安く買えると思ってい
た顧客はゆくゆく離脱しやすい傾向にあります。もともと安さを売りにし
ているわけではないため、品質もデザインも安心して長く着ることができ
るという価値を提案しているものの、そこに価値を感じてもらえない場合
は離脱する傾向にあります。

　また、商品の機能性が好きという顧客も、長くファンであり続けてもら
うことは困難です。そのような顧客には常に機能面で面白い、目を引くユ
ニークなアイテムを販売し続けないといけないからです。

　**このようにファクトリエを知ってから最初に感じた価値が何かによっ
て、長く愛し続けてくれる顧客かどうかも変わってきます。それにより、
最初のコミュニケーションとして何を伝えるべきかが決まってくるので
す。**

## よいものを長く使い続けてもらうための手間のかけかた

　「語れるもので日々を豊かに」というミッションには、よいものを長く
着る、そのほうが結果的にコスパもいいという意味が含まれています。
日々の食卓で使う茶碗も、プラスチックより陶器の茶碗を使った方がいい
し、割れても金継ぎできる。服も同じ考えかたといいます。

そのため商品開発では、販売前にクリーニングテストを含む製品試験を行い、2〜3回の洗濯で縮んだり、縫製が切れたりする商品は絶対に出しません。ファクトリエでは製品化してから専門のクリーニング工場で10回の洗濯を経て、形が崩れていないかをチェックします。万が一崩れているところがあればパターンを修正し、再度サンプルを製作してクリーニング工場で10回洗う行程を繰り返すのです。

　通常1〜2回程度のテストを経て販売されているのが一般的です。しかし、テストをしていると3回目の洗濯で急に服が縮んだりすることもあり、10回のクリーニングは欠かせないといいます。その行程をクリアしなければファクトリエの商品が世の中に出ることはありません。よいものを長く使ってもらうためにそこまでコストと時間をかけているのです。

　また、服の売上だけを見ると、販売後に多く売れた商品が正義ということになるでしょう。しかし、ファクトリエでは販売後も商品の見極めを欠かしません。新商品が発売されると、ロイヤルティの高い顧客に1週間後にアンケートを送付し、満足度のスコアが低ければその時点で追加生産をしないことを決めています。多く売れたものではなく、ロイヤルティの高い顧客が満足している商品を正義としているのです。

　販売開始後の売れ行きが好調であれば、通常は追加生産をして在庫を補充します。しかし、顧客が商品に満足していないと、リピートされずに結果的に売れ残ってしまい、大量の在庫を残すことになります。短期的に売上を増やすことだけを見ていると、在庫が過剰になり、結果的には自分たちに跳ね返ってきてしまうからです。


## ■ 商品開発のヒントも顧客から

　顧客に話を聞き、顧客の課題を解決できる商品だけつくることを徹底した方がよいという考えのため、商品開発のアイデアもロイヤルティの高いファーストフォロワーを中心とした顧客からヒントを得ています。

　具体的には、先程のクリーニングのテストを含む製品試験を通過した

ファーストサンプルをロイヤルティの高い顧客5〜10人程度に渡して使ってもらいます。そして、その5〜10人が「絶対に買う」と回答しなかったものは世の中に出さないと決めているのです。商品開発の前段階で「こんな商品があったら買う」と言われても、実際にサンプルを送ったら「欲しくない」と言われてしまうこともあります。その場合も商品化は見送られます。

　商品開発に手間をかけることについて、山田氏は「全てにおいて手間はかかるものです。売れない商品をつくってしまうと、販促に力を入れなければならなくなります。販売後に手間をかけるか、販売前で手間をかけるかの違い。それであれば販売前に手間をかけた方が楽という考えです」と語っています。

　そのため、販売する品番も1商品を増やすと1商品を減らし、増えないようにコントロールしています。創業当初は工場の生産を優先し、1,000品番ぐらいあった商品も、現在では300品番ほど。理想は100品番といいます。それほどまでに一番よいと思ってもらえる商品を絞って提供するために、商品開発にかけるリソースをトレードオフしています。

## 「人」と「商品」の軸でファンになる兆しをつかむ

　ファクトリエのファンが生まれる兆しは2つの軸でつかんでいます。1つは「人」の軸です。先述した「カンブリア宮殿」のエピソードについて、どの部分が印象に残っているかを把握することで、その人がファンになりやすいかどうか傾向がわかります。

　もう1つは「商品」の軸です。ファクトリエのファンになりやすい人には一定の購入パターンがあります。それは、全商品を「初回購入率（買いやすさ）」と「2回目購入率（リピートしやすさ）」の二軸でマトリクスを組んだ際に、両方のスコアが高い商品を購入している顧客です。つまり、買われやすくて、満足度が高い商品を購入してくれた顧客ほど、ファンになりやすいといいます。

一方で、見落とせないのが初回購入されづらくて、リピートされるものです。これは必ずしも悪ではなく、売れづらい特徴はあってもファンになってもらえる可能性を秘めています。たとえば、ファクトリエでは「植物成分たっぷりのリペアシャンプー」という、低温真空法で濃厚エキスを抽出した植物由来成分でつくったシャンプーがあります。この商品は1本約3,000円と、シャンプーにしては高価格な商品です。

この商品を買ってくれる人は少ないものの、買った人の多くは必ずといっていいほどリピートしてくれます。いわゆるニッチな商品に分類されますが、この商品を購入してくれた顧客は、ファクトリエらしさを感じてくれるため、この象限にある商品を購入する顧客もまたファンになりやすいといいます。

つまりこの**「商品」の軸からいえることは、商品に満足しているかどうかという視点です。ただ買ってもらうだけでなく、買った後の体験の満足度が低ければファンになってもらうことはできません。**ファクトリエにとっては商品の満足度が高く、リピートしてもらうことこそファンになる兆しといえます。

## ■ アンバサダーは最も気軽に意見を聞ける仲間

ファクトリエの公式アンバサダーは一般的なアンバサダーとは少し異なる役割を担っています。通常、アンバサダーはブランド公認の「大使」という名称の通り、そのブランドの魅力を発信する役割を担うケースが多いですが、ファクトリエの場合はいうなれば「最も気軽に意見を聞ける仲間」という存在です。

ファクトリエが顧客の声を聞く手段は大きく3つあります。1つが先述した通り、新商品に関して顧客の購入後1週間で聴取する満足度の調査です。これは主に商品を追加生産するかどうかを判断するために行っているものです。

2つ目がすでに発売している商品も含め、そのシーズンの購入者全員を

対象に実施するアンケートで、毎年のシーズン終わりにその商品の満足度を聴取し、来シーズンもその商品を生産するかどうかを判断しています。

3つ目が先述したアンバサダーを対象とした定性調査です。アンバサダーにはファクトリエが重視する5つの顧客層がそれぞれ含まれており、さまざまな意見を聞いています。

この調査では、商品を送って評価をしてもらうことはもちろんのこと、コミュニケーション施策の良し悪しについても意見を求めます。

たとえば、ECサイトで商品レビュー機能を実装したものの、投稿数が伸びない傾向がありました。それをアンバサダーに尋ねたところ、10名のうち3名はレビュー機能の存在を知ってはいてもレビューを書いたことがありませんでした。その真意をアンバサダーに聴取して、原因を探っていきます。

そこで得られたのは「レビューをきちんと書きたいと思って、内容や表現に悩んでいるうちに時間が経って忘れてしまった」というものでした。

この場合、レビューを書くとポイントをもらえるなどの施策には効果がなく、それよりもレビューの投稿例などを設けて投稿のハードルを下げ、気軽に投稿してもらえるような施策が必要ということがわかりました。また、レビューの内容は工場のものづくりに生かすことができるということをアンバサダーに説明し、レビュー機能そのものの意味合いを改めて伝えました。

他にも社内で「クーポン付きのお友達紹介キャンペーンをやってみたい」という声があがり、アンバサダーへヒアリングしたところ「商品価値を下げるような施策はやってほしくない」という意見が出たため施策は見送りとなりました。

ファクトリエでは、このように特定の商品を宣伝してもらう役割ではなく、一番身近な顧客としてアンバサダーに意見を求めています。**自分たちだけで施策を判断することはよくないと考え、常にアンバサダーに意見を求めてみるというスタンスなのです。**

ここにも施策の実施後ではなく、実施前に手間をかけるファクトリエの

特徴が色濃く現れています。

## ■ 「我は誰か」という問いにどう応えるか

　ここまでファクトリエが顧客の声を大切にしていると述べてきましたが、全ての意見を取り入れているわけではありません。顧客の意見を全て叶えていこうとすると、自分たちが何者なのかを見失ってしまいます。

　取引先である工場とファクトリエの大切な顧客、その両軸で自分たちの軸をつくっていくために、顧客のなかでもファクトリエを買い続けてくれているロイヤルティの高い顧客層の声に対してはしっかり真摯に応えていく、それによって自分たちが何者なのかが規定されていくといいます。

　また、社内には理想的な顧客像を示す「品のある大人」というキーワードがあります。それがあてはまるのはどのような人か、社内でも繰り返し議論しながら、その顧客像に目線を合わせるようにしています。それによってファクトリエがどのような佇まいでいるべきなのかを規定しているのです。

　その顧客像は売れている商品から生まれるセールスターゲットではなく、ファクトリエが大切にすべきブランドターゲットから生まれます。そこに寄り添った振る舞いをしなければ、なんでも屋さんになってしまうという危機感があるといいます。工場・顧客・自社という3者の視点から「我は誰か」ということを明らかにしているのです。「重要なのはどこから考えるか。工場・顧客が明確に定まった後に、自分たちがどうあるべきかを考えることが重要です。そうしないと平凡なものをブランディングで売るという本末転倒が起こってしまうからです」と山田氏はいいます。

　ファクトリエに強く共感する熱狂的なファンは、ファクトリエのブランドを成長させるために、各地で主体的に協力をしてくれています。それは、地方にポップアップショップを立ち上げる際に、接客スタッフを担う役割を自ら名乗り出て手伝ってくれるほど。他にも、工場ツアーの主催者として名乗りをあげ、地元の工場を訪問する際には、寄るべきランチのお

店から夜の飲み会までセッティングしてくれます。またアンバサダーが自主的につくったLINEグループでは商品のリペアの方法をシェアしたり、ファンどうしが全国各地で交流する様子が投稿されています。このように、何か新しいことを始めようとすると「手伝えることはありますか？」と聞いてくれるファンが少なくありません。

　そのようにファンがブランドと一体になって活動していくのも、ファクトリエの「語れるもので日々を豊かに」というミッションを体現している姿といえます。

## ファクトリエの価値の見つけかた

　ファクトリエの価値の見つけかたを整理すると、図3-9のようにまとめることができます。

図 3-9　ファクトリエの価値の見つけかた

　ファクトリエのミッション「語れるもので日々を豊かに」は、それ自体がファクトリエのビジネスを指し示しています。そのため、顧客のロイヤ

ルティと推奨度を把握しながら、ファーストフォロワーが語りたくなるような商品はどのような商品かを徹底的に問い続けているのです。

　それがあるからこそ、ロイヤルティの高いファーストフォロワーに徹底的に寄り添い、顧客に一番よいと思ってもらえる商品を絞って提供するのです。求められていない商品に販促費をかけて売るよりも、商品開発にかけるリソースをトレードオフし、ファーストフォロワーへの徹底したPoC を通してファクトリエらしい商品を顧客に提案しているのです。

---

**山田 敏夫**（やまだ・としお）

1982年生まれ。熊本県熊本市出身。創業100年の老舗婦人服店の息子として育つ。大学在学中、フランスへ留学しグッチ・パリ店で勤務し、一流のものづくり、商品へのこだわり・プロ意識を学ぶ。2012年1月、工場直結ジャパンブランド「ファクトリエ」を展開するライフスタイルアクセント株式会社を設立。年間訪れるものづくりの現場は、100を超える。著書に『ものがたりのあるものづくり ファクトリエが起こす「服」革命』（日経BP）。

https://factelier.com/

---

# 3-5 1人のファーストフォロワーに寄り添う

## クリエイターのためのワードローブ

| ブランド情報 | 2018年ローンチ。土屋鞄製造所のメンバーで立ち上げたレザー製品のブランド。クリエイターのためのワードローブをコンセプトにさまざまな革製品を販売 |
|---|---|
| ビジネスモデル | EC・店舗販売 |
| ファーストフォロワー | 製品を使うことを想定した実在する1人の顧客 |

図 3-10　さまざまな革製品を展開する

　「クリエイターのためのワードローブ」をコンセプトに、バックパックやカメラバッグなど、革製品を主軸としたラインナップを提供する objcts.io。審美性と機能性を両立させた製品のデザインがファンを生んでいます（図3-10）。

もともと、objcts.io は土屋鞄製造所に在籍していたスタッフが立ち上げたブランドです。土屋鞄製造所での実験的な取り組みが、objcts.io の原体験になっています。

　objcts.io では、「1人のためのものづくり」を出発点として製品を開発。ファーストフォロワーとなる1人に徹底的に向き合うことによって、他にはないユニークなものづくりを実現しています。

## ■ objcts.io にとっての原体験

　今から10年ほど前、objcts.io を立ち上げたメンバーが土屋鞄製造所に在籍していた頃、同社の公式 facebook ページで若手職人が製作した実験的なプロダクトを投稿する企画をやっていました。これは、在籍している若手職人が、自分たちがつくりたいものをつくってみて、ファンの方に試作品を見てもらうという趣旨で始まったもの。

　たとえばコーヒーのスリーブやうちわなど（図3-11）、通常のラインナップにはない実験的な製品を製作し、投稿していました。そうすると、1回の投稿ごとにいいねが約2万件、コメントも500件程寄せられるなど、多くの反響がありました。

図 3-11 「自分たちがつくりたい」実験的な製品

当時、まだ多くの企業が SNS に参入していない背景もありながら、「欲しいです」「ぜひ製品化して販売してください」など、数々のファンからの熱量の高い反応が寄せられていきました。

　現在 objcts.io の製品開発責任者を務める角森氏は、文化服装学院を卒業後、新卒で土屋鞄製造所に入社。革製品の職人として入社したため、このように直接コミュニケーションすることが初めてで、SNS を活用して顧客から声が寄せられる面白さを体験したといいます。

　その後、本格的に自身でプロダクトをつくってみたいという思いから、2016 年に土屋鞄製造所を退職。2017 年から本格的にブランドの立ち上げに向けて始動していきます。

　最初に製作したのは、現在 objcts.io の代表的な製品ともいえるバックパック（図3-12）。当時、革製品で PC を収納できるバックパックのうち、自分たちが欲しいと思えるようなものが世の中にありませんでした。そこで、自分たちが本当に欲しいと思えるものを製作する過程で、ファーストフォロワーとの関わりが始まっていきました。

　具体的には製品のサンプルを製作し、そのサンプルを自分たちだけではなく、周りの知人や友人に使ってもらって、フィードバックをもらいながら、繰り返しサンプルを製作していきました。

　製作に着手した当初、バックパックは革とキャンバス地の製品として試作品を発表し、objcts.io に興味を持ってくれた友人・知人にも販売をして使用してもらいました。

　しかし、試作した約 20 個の製品は全て完売したものの、フィードバックをもらうなかで、自分たちが想定していたような感想をもらえていないことに気づいたのです。

図 3-12 代表的な製品であるバックパックの試作品

## 顧客の声から受け取った違和感

　最初に試作した革とキャンバス地でできた試作品は今とデザインも異なり、価格も2万円前後のものでした。ファーストフォロワーとして最初に購入してくれた約20名の方々から寄せられた声を1つひとつ見ていくと、自分たちがはじめに想定していた声とのギャップに気づかされました。よい反応のお客様が多かった反面、「人気アウトドアブランドと比較してここが不便」「価格が高すぎる」というフィードバックもありました。

　objcts.io としては、もともと機能性を推した製品をつくりたかったわけではなく、機能性も担保しながらラグジュアリーな製品に仕立てたいと考えていました。しかし、寄せられたフィードバックと自分たちが目指した製品像があまりにずれて衝撃を受けました。そこで、今のまま製品化を進めるのは事業として継続できないと判断し、方向性を変えることにしました。フィードバックを紐解きながら、より自分たちが「伝えたいブランド」が伝わるように改良を加え、高価格でもバックパックとしてより製品レベルの高いものに作り替えようと決意したといいます。

　そして、自分たちが本当に欲しいと思える製品に近づけたうえで、価格

も約3倍に設定したところ、前回「高い」といわれたお客様から、「これは安い」と真逆の評価をもらったのです。

　オールレザーにしたことでより高級感を感じることができるようになったことに加え、防水性や軽量さなど、レザーバッグの弱点を補う機能性が担保されていたことを価値として感じてもらえたのではないかと考えました（図3-13）。

図3-13　より自分たちが欲しいものに近づける

　また、正式ローンチ前の試作品とはいえ、全て無償で使ってもらうのではありません。**お客様にはあくまで販売をしたうえで意見を聞くようにしました。きちんと対価としての費用を払ったものでないと、本気のフィードバックが得られない**と考えたためです。

　販売後1ヶ月ぐらいはお客様の生活のなかに自由に取り入れてもらいます。その後インタビューを実施し、フィードバックをしてもらうようにしました。まずは機能面・デザイン面で気に入った部分や改善してほしい部分をヒアリング。バッグに何を入れていたのか、生活スタイルがどのようなものなのか、製品と過ごした生活のなかで、どこがよかったか、気に入らなかったのかを雑談を交えながら聞いていきます。

全ての意見をただ鵜呑みにせず、製品に落とし込む際は必ず自分たちのフィルターを通すようにしています。その際に軸となるのは、「誰のためにつくるのか」ということ。出来上がった製品を誰に届けたいのか、その人の利用シーンや所作を想定しながらデザインや機能で取り入れるべきポイントを判断していきます。数度のフィードバックとテスト販売を経て、製品レベルが疑いようのないものにまでブラッシュアップされ（図3-14）、ユーザーからは「レザー製品なのにこれほど機能が充実しているものはない」「デザインと機能が高いレベルで両立している」「週6〜7日で使用している」など、非常にポジティブなフィードバックをもらいました。

図 3-14　ブラッシュアップされていく

　そして、objcts.io の始動から約2年、2018年に製品を正式にローンチしました。よいものができなければ製品を出さないという意思決定をしていたため、販売時点で迷いはなかったといいます。

　ローンチ時にはもともとフィードバックに協力をしてくれたファーストフォロワーも告知に協力してくれました。正式ローンチまでに2年の歳月をかけプロダクトのレベルを上げていたため、ローンチ時には非常に高評価をもらうことができたのです。

## 1人のためのものづくり

現在、objcts.ioが製品をつくるうえで大切にしているのが、冒頭でも述べた通り、実際に実在する人を顧客として「1人のためのものづくり」をするということです。これは急に始まったことではありません。もともとバックパックの製作も共にブランドを創業した代表の沼田氏自身が本当に欲しいと思うものをつくりながら、その過程でさまざまな人を巻き込んでいきました。

創業時のバックパックの製作は「1人のためのものづくり」を感覚的にやっていましたが、改めてそのプロセスを体現したのがドローンバッグの製作です。きっかけは、2018年にバックパックを販売した翌年、クリエイティブ・コンサルタントとして活躍する市川渚さんと出会ったことです。もともと共通の知人がいたことから、市川さんにobjcts.ioの考えを伝え、実際にバックパックを見せながらオフィスでアイデアを出しているうちに、一緒にものづくりをやるという話が進んでいきました。

当時市川さんは、仕事でドローンを使う撮影をすることがあったことから、ドローンを美しく持ち歩く製品をつくってみようという話になりました。これまでデザイン性の高いドローンバッグを製作しているブランドはなく、ニッチな領域ですが試作することになったのです。

ドローンバッグの開発には、ドローンを持って撮影に出かける人にしかわからない所作やシーンの理解が必要です。製作に着手するにあたり、市川さん自身から希望する機能要件を伝えてもらい、撮影現場へのドローンの持ち運び方、撮影に持っていく荷物量、撮影で実際に使用する際の動きなどをヒアリングしました。

大切にしたのは、市川さんのファッションスタイルに合うということです。撮影機材を持ち運ぶバッグはどうしても機能性だけを重視して、審美性を求める人は多くありません。市川さん自身も、それまでのドローンバッグが普段纏っている服装とはマッチしない、いかにも撮影に行くようなスタイルで、持ちたいと思えるものがなかったという悩みを抱えていま

した。そこで、objcts.io のデザインフィロソフィーを生かして、審美性と機能性が両立しているドローンバッグの製作を開始。約6ヶ月後にサンプルが出来上がりました。

　完成した試作品を見て、市川さんは「ファーストサンプルの段階で、すでにドローンを持っている人にしかわからない所作にフィットしていて、審美性と機能性が同居した、他にはない製品になっていると感じました」といいます。ドローンバッグの場合は、市川さん1人に使ってもらって繰り返しテスト検証をしたうえで完成に近づけていきました。

　その後、実際に少量生産で販売したところ、デバイスを美しく持ち歩くというコンセプトが受け入れられ、ドローンを持っていなくてもバッグを購入してくれるお客様も出てきました。

　さらに、カメラバッグとして利用している、というフィードバックも現れ始めました。ドローンも精密なデバイスですが、それはカメラも同様です。これはカメラバッグとしても機能する可能性があると感じ、Twitter（現X）に「カメラバッグとして販売したらどうか」と投稿したところ大きな反響があり、製品化に踏み切りました。


## ■ 1人のためのものづくりの強さ

　最初はドローンを入れるバッグとしてしか想定していませんでしたが、結果的に出来上がった製品がユニークなものになり、カメラバッグとしても販売することになりました。

　このことがきっかけで、**1人のためにつくったものがある一定のレベルになると、似たニーズを持った他の人々にも伝播していくということを実感**。そこから、1人のためのものづくりの強さを実感しました。

　objcts.io では、他にはないユニークなものをつくるということを重視しています。売れるものをつくるのも面白いと思う一方で、ニッチなもので誰もやっていないユニークなものをつくりたいという思いが強かったといいます。

市川さんの周りの人もファンにしたいと考えたときに、市川さん個人が喜んで使ってもらえるものをひたすら製作しようと思うようになりました。「製作する方としても、ターゲットを決めたら、その人の所作や生活スタイルを把握していくことで、製品に求められるデザイン面・機能面の要件に対するイメージが湧いてきて、ものづくりがしやすい」と角森氏はいいます。

　そうして出来上がった1人の人が気に入ってくれた製品は、周りにいるその人を慕ってくれている人や同じような考え方、価値観を持っている人を巻き込む力が生まれます。

　この経験から、その1人のためのものづくりというスタイルがフィットし、それを現在でも徹底しています。

## objcts.io の価値の見つけかた

　objcts.io の価値の見つけかたを整理すると、図 3-15 のようにまとめることができます。

図 3-15　objcts.ioの価値の見つけかた

objcts.io では、ブランドのオリジナリティや、その製品の市場性ももちろん重要視しつつ、「誰のためにつくっているのか」というファーストフォロワーを常に軸としたユニークなものづくりにチャレンジすることを製品開発で重視しています。

　1人のファーストフォロワーに徹底的に向き合い、時間をかけながら製品を開発していくことで、1人のためにつくったものが、似たニーズを持った他の人々にも伝播していくことを信じて、ものづくりを続けています。

---

**角森 智至（つのもり・さとし）**

文化服装学院バッグデザイン科を卒業後、土屋鞄製造所に入社し、製品開発や生産に関する業務を幅広く経験。現在はobjcts.ioの製品開発責任者兼デザイナーとして、「現代を生きる人々にとって不要な制限を取り払い、個々人の生活に自由や豊かさをもたらす美しいバッグ」を作り出している。

⬤https://objcts.io/

---

# 3-6 ファーストフォロワーを育成する

生産者を育成することでサービスを成長させる

| 企業情報 | 2015年設立。全国の農家・漁師から、15,000品を超える新鮮な旬の食材を直接購入できるアプリ「ポケットマルシェ」を運営 |
|---|---|
| ビジネスモデル | CtoCプラットフォーム・サブスクリプションサービス |
| ファーストフォロワー | プラットフォームで農作物を出品する生産者および生産者に積極的にフィードバックをくれる消費者 |

図 3-16 全国の農家・漁師とやりとりできる

　雨風太陽が運営しているポケットマルシェ（通称「ポケマル」）は、全国の農家・漁師と直接やりとりをしながら食材を買えるオンラインマルシェです（図3-16）。前身である全国各地の食材と、その生産者を取材した小冊子

が届く"食べもの付きの情報誌"「東北食べる通信」を基盤としながら、生産者が直接野菜やくだものを販売できるプラットフォームを立ち上げました。ポケットマルシェで販売されている食材について生産者に直接質問をしたり、届いた食材についてお礼を伝えたりすることができるのが特徴です。

　従来は当たり前ではなかった、生産者が消費者に対して直接販売するしくみは、生産者の育成と消費者からのフィードバックをもとに成長させています。生産者が直接ECで野菜やくだものを売るという慣れないしくみながら、そのファーストフォロワーを消費者と共に育成していくことによって、ファンを生み出しているのです。


## ■ 生産者と消費者が直接つながるしくみ

　ポケットマルシェが誕生したきっかけは、2011年の東日本大震災に遡ります。震災後、都会にいる人の多くが東北を中心にボランティアに参加し、そこで地方に住む人たちと交流する機会が増えていきました。

　ボランティアをはじめ、都会と地方の人が触れ合う機会は、都会の人が地方のよさに気づくきっかけになると共に、地方の人にとっても都会の人と会話することによる発見も少なくありませんでした。そのような交流が、ポケットマルシェの原点です。

　震災がきっかけではありますが、たとえ震災がなかったとしても、このような都会と地方の交流を増やしていかなければならないという思いから、創業者で現在代表取締役を務める高橋博之氏が、地方に住む生産者を特集し、そのおまけとして生産者の野菜やくだものが毎月届く月刊誌「東北食べる通信」を立ち上げ、発行することとなりました。

　この「食べる通信」が多くの人に受け入れられ、2014年に全国展開。東北だけでなく国内外50箇所以上から「食べる通信」が発行されるようになりました。しかし、地方にある情報を全国へ届けることができたものの、月刊誌だと月に1回しか生産者とつながる機会を持てません。

そこで、地方の生産者と消費者が常にオンラインで簡易につながることができるしくみを立ち上げたのが現在の「ポケットマルシェ」です。また、**ただのECとしてではなく、生産者が直接消費者とコミュニケーションができる機能もサービスへ組み込むことで、消費者に生産者が自身でつくった野菜やくだものの食べ方を伝えられるようにしました。**

その後、世の中に大きな変化をもたらしたCOVID-19の影響で、生産者が売り場を失くし、消費者も食べる店がなくなるという状況において、そのニーズに応えるサービスとしても大きく成長し、現在に至ります。

## 生産者を変えるプラットフォーム

ポケットマルシェは、一次産業の生産者と消費者をつなぐサービスですが、その根本は生産者のためのプラットフォームとして始まりました。当初、一次産業の生産者は、ECでの販売どころか、自身で農作物を売るという価値観すら乏しい状況からサービスを開始し、サービスを活用してもらう生産者の熱量を高めていくことから着手しました。

まずは、創業者の高橋氏が全国各地に足を運んで「車座座談会」という場をつくり、ポケットマルシェの考えを伝える機会を1つひとつつくっていきました。車座座談会はサービス開始から日本全国を8周するほどの回数を重ねています。

はじめにサービスに共感してくれたのは、以前から同社が展開していた「食べる通信」を知っていた生産者が多く、「働き手の減少や都市圏への人材の流出などを原因とする地方の衰退」という地方の現状に課題を抱えている人がほとんどでした。

今の地方の現状がそのままではいけない、でもどうすればよいのかわからない、共に解決してくれる仲間もいない、そのような生産者が少しずつポケットマルシェの考えに共感し、サービスに賛同してくれるようになっていったのです。彼らの強い共感を集めていくことで、生産者のクチコミ経由でサービスが徐々に広まっていくようになりました。

一方で、生産者を変えたのはポケットマルシェだけではありません。そこには消費者の存在も大きかったといいます。これまで、農家はつくった野菜やくだものを JA に卸すところまでが自身の仕事の範囲でした。しかし、ポケットマルシェに賛同する農家の生産者は、自ら消費者に売るところまでをやらなければなりません。

## 生産者と消費者の関係性

　ポケットマルシェで農作物を売る生産者の多くは、消費者がどうすれば農作物を買ってくれるかまでを考えた経験がなく、売り方がわからない人がほとんどでした。

　たとえば、椎茸をポケットマルシェで売ろうとして、1 つ 5kg 単位で売る生産者もいたほど、消費者感覚に乏しい人が多い状況でした。しかし、ポケットマルシェでの販売を通じて消費者からのさまざまなフィードバックをもらい、売り方についてのアドバイスを受け、応援されることで生産者のモチベーションが変わり、生産者自身が変化していくようになりました。

　ポケットマルシェでは商品ページに掲載する写真がどういうものがよいか、消費者に聞きながら決めていくといったことが当たり前に行われています。また、消費者自身もスーパーに野菜を見にいって、どのように商品を訴求するのがいいのかを生産者にフィードバックすることも日常的に行われています。生産者と消費者がお互いに支え合い、その生産者のお客様が増えるように高め合っていくカルチャーが存在するのです。

　生産者のポケットマルシェへのエンゲージメントもさることながら、ポケットマルシェの生産者と消費者の間に直接的な対話を生み出しているところがサービスの大きな特徴になっています。一度商品を購入した人が、「いいものをつくっているのだから、それが多くの人に伝わってほしい」「せっかくいいものをつくっているのに、それが伝わりづらくもったいない」という思いが消費者の生産者を応援するモチベーションになっていま

す。つまり、買う前ではなく、買った後から生産者と消費者のコミュニケーションが密になっていくのです。これは通常のECでは起こり得ない特徴といえます。

サービス開始当初、これはポケットマルシェでも予期していないことでした。生産者と消費者の間で一定のコミュニケーションが発生することは想定していたものの、**生産者を応援するために消費者がフィードバックし、より商品が売れるためにお互いに情報を教え合うというカルチャーは、生産者と消費者が共に自発的につくりあげていったものです。**

## 売り方へのこだわり

同時に、ポケットマルシェというプラットフォームが生産者を支援することも欠かせません。定期的に「ポケマル寺子屋」という掲載する商品の撮影方法や、文章の書き方についてのアドバイスを行ったり、サービスに参画している生産者が講師となって生産者どうしでコミュニケーションを取ったりする場を提供しています。

ときにはヤマト運輸の方をゲスト講師として招き、商品の梱包についてレクチャーする会まであるとのこと。このように、生産者が自ら売るためのサポートを、生産者のニーズを聞きながら提供しています。

ここまで来ると、ポケットマルシェは生産者の農作物を売るためのプラットフォームと表現するには語弊があるかもしれません。生産者に売り場を提供し、販売を代行するというのはポケットマルシェが目指す姿ではありません。生産者の農作物がただ売れればよいというわけではなく、生産者自身が商品を売る力をつけて、さらに消費者に長く買い続けてもらうことがポケットマルシェの目指す理想の姿です。

生産者と消費者のつながりをつくる背景には、生産者自身に売る力をつけてほしいという思いがあります。また、**農作物をより多くの消費者に買ってもらうというよりも、買ってくれた消費者にリピートしてもらえることを目指しています。**

つまり、10人の人に1回買ってもらうよりも、1人の人に10回買ってもらえることで、消費者との深いつながりをつくっていく。そういう生産者をつくっていきたいというのがポケットマルシェの思想にあります。

　そのため、消費者から長く買い続けてもらうために、むしろポケットマルシェ側から生産者に深く関わりすぎないように気をつけているといいます。ある程度の売り方のアドバイスやノウハウの提供はするものの、そこに依存してしまうと農作物をJAに卸すこととなんら変わりはありません。

　生産者がポケットマルシェに依存してしまうことは、長期的に見るとむしろ自分で売る力を弱めてしまうことにつながりかねません。そのため、ポケットマルシェの力で生産者の商品を売るということはむしろやらないようにしているといいます。

　ポケットマルシェの役割はあくまで生産者の魅力が伝わる舞台を提供することです。特定の農家を売り出そうとするとバランスが失われるため、舞台をつくることに徹底し、その舞台で魅力を伝えるやり方については生産者自身に任せています。

　手段を問わずビジネスをグロースさせようとすると、なるべく取引数を増やし、多くの商品を多くの消費者へ購入してもらうように設計するところですが、その取引が生まれるプロセスと売り方にこだわっているところこそ、ポケットマルシェらしさといえます。


## ■ 長く買い続けてもらうために

　ポケットマルシェの利用頻度が一定以上の顧客になぜポケットマルシェにハマったのかを聞いたところ、「今はどんなサービスも完璧なものが前提。ポケットマルシェは生産者から誤字のあるメッセージが届いたり、同じメッセージが何度も届いたりしたことがあって、その不完全さが愛着につながった」と語っていたそうです。

　他にも、通常のECサービスでは起こらない例外的なエピソードが数多く存在します。たとえば、いつも同じ生産者から玉ねぎを買っている顧客

がいました。その顧客が旅行中に「この時期は徳島に旅行中のため、配送時期をずらしてほしい」とメッセージをしたところ、たまたまその生産者が淡路島にいることもあり、生産者を訪ねて玉ねぎをどっさりもらって帰ってくるといったこともあったそうです。そうなると、もう玉ねぎはその人からしか買いたくなくなる。そのような特別な体験が起きるのがポケットマルシェらしさなのです。

　顧客にまず生産者のファンになってもらう、そのうえでポケットマルシェも好きになってもらうことが大切なポイントです。先述したように、世の中にあるECにはいろんな買い方があるなかで、なるべく特定の生産者から長く買い続けてくれる顧客がポケットマルシェにとってのファンといえます。そこにこそ、ポケットマルシェの強みがあるのです。つまり、**リピートしたくなる生産者といかに出会ってもらえるかが重要なポイントとなります。**

## 長く買い続けてくれる消費者の把握

　これまでの傾向を分析すると、商品を購入する際に生産者のことを一緒に知ることで、消費者が長く買い続けてくれるということが見えてきました。現在、ポケットマルシェでは、累計の購入回数が一定数以上の顧客でポケットマルシェに定着している方へ毎月定期的にインタビューを実施しています。どのようなきっかけでサービスの利用を始めたのか、その人にとってサービスがどのような存在なのか、利用頻度が多くなっているときや少なくなっているときの状況を顧客のヒストリーとして把握するようにしています。

　野菜やくだものは季節ものなので、「この時期になったら去年買った○○さんの椎茸を買おう」というように、季節によって想起してもらいやすい特徴があります。ポケットマルシェを利用したことのある顧客へインタビューをしていても、「○○さんの△△が美味しかったから、また○○さんから買います」といった声がよく聞かれるそうです。購買データと照ら

し合わせても、同じ生産者からいろいろな商品を買っている顧客が多く、生産者のファンになっているケースがほとんどです。

ポケットマルシェは、ただ商品を売り買いするだけではなく、生産者と消費者がつながるプラットフォーム。拡大していく顧客層に対して、その魅力にいかに気づいてもらえるかが今後の大きなチャレンジだといいます。

## ■ 購買体験の設計

これまでポケットマルシェを利用しているユーザーは、食に対する意識が高い人がほとんどでした。しかし、コロナ禍をきっかけに多くのユーザーに利用してもらえるプラットフォームへ成長しました。そこには、美味しい野菜やくだもののお取り寄せサービスという感覚でポケットマルシェの利用を始めたユーザーもいました。このように、ユーザーが多様になっていくなかで、ポケットマルシェを使い続けてもらうためには1つのハードルが存在します。

美味しいものを食べようと思ったら世の中にはさまざまな手段が存在するなかで、ポケットマルシェを使い続けてもらうためには、**「生産者から直接買っている」感覚を一連の購買体験のなかで、いかに実感してもらえるかが重要なポイントといいます。**

コロナ禍で拡大した顧客にそういった意識を持ってもらえるような体験設計が欠かせません。そのためには、1回購入した消費者に、生産者もしくは商品といかに出会い、リピートをしてもらうか、その体験をいかにつくるかが今後の大きなチャレンジです。

ポケットマルシェでは、2022年4月26日に株式会社ポケットマルシェから株式会社雨風太陽と社名を変更。「都市と地方をかきまぜる」というミッションを新たに掲げ、旅行事業をはじめ全国各地の生産者を起点に「食」以外にも事業領域を拡大するとしています。それは、ポケットマルシェというサービスだけが都市と地方をかきまぜる担い手になるのではな

く、生産者自身も都市と地方をかきまぜる存在になることを目指しています。

モノだけでなく、人も循環する社会への挑戦が始まろうとしているのです。

## ポケットマルシェの価値の見つけかた

ポケットマルシェの価値の見つけかたを整理すると、図3-17のようにまとめることができます。

図 3-17　ポケットマルシェの価値の見つけかた

ポケットマルシェでは、生産者の課題を解決するために、生産者自身を消費者との関わり合いのなかで育成していく取り組みを行っています。生産者としてのファーストフォロワーを全国各地でのサポートを通して、少しずつ増やしながら育成。それと同時に、ポケットマルシェが全て手取り足取り売り方をサポートするのではなく、消費者としてのファーストフォロワーの力も借りながらサービスの価値を定めているという特徴がありま

す。

　CtoC プラットフォームという特性から、生産者と消費者の二軸から
サービスの価値を定め、その価値を広げる取り組みをしているのです。

---

**権藤 裕樹（ごんどう・ひろき）**

1994年、東京都生まれ。東京大学法学部を卒業後、総務省にて自治体DXやマイナン
バー制度といった行政のデジタル化を推進。鳥取県庁出向時（2018年）に「鳥取食べる通
信」を創刊し、学生時代に出会った高橋博之と再会。2020年7月より、人事交流制度に
て、株式会社雨風太陽に出向。ふるさと納税およびC2C事業を担当。2021年2月より、
C2C事業部門長に就任。6月末に総務省を退職し、当社取締役就任。

⬤https://poke-m.com/

## 3 - 7 ファーストフォロワーの変化を見極める

わざわざが長い年月をかけて顧客に伝える価値

| 企業情報 | 2009年設立。長野県東御市御牧原の山の上にあるパンと日用品を販売する店。「わざわざ」という名前は、「こんな山の上までわざわざ来てくださってありがとうございます」という感謝の気持ちを込めている |
|---|---|
| ビジネスモデル | EC・店頭販売 |
| ファーストフォロワー | 「生活習慣が変わった」と実感している、わざわざを長く利用している顧客 |

図 3-18 パンと日用品の店としてオープンした

　わざわざは、2009年にパンと日用品の店としてオープン。長野県御牧原にあるお店です。現在では「問 tou」「わざマート」「よき生活研究所」を含めた計4店舗を展開し、調味料や服などさまざまな日用品を販売し

ています（図3-18）。

　もともと、創業者の平田氏がわざわざを立ち上げたのは、生活する人々の健康意識を変えたいという思いからでした。健康という多くの人にとって日常的に意識されづらい価値を提案するわざわざでは、人生のなかで長い目線でお客様に健康的な生活の大切さに気づいてもらうためのアプローチを試みています。健康的な生活の価値を自覚されにくいからこそ、お客様への情報の届け方からその後の生活の変化まで、長い年月をかけてわざわざが提案する価値を見定めているのです。

## ■ わざわざが目を向ける「ふつうの人」

　わざわざには、次のようなビジョンとスローガンがあります。

**ビジョン：人々が健康になる社会へ**
**スローガン：よき生活者になる**

　このビジョンとスローガンの背景には、平田氏のこれまでの人生経験があります。平田氏はもともと幼少の頃から健康状態がよくなく、病院に行って検査をしても原因がわからず、常に自身の体調に悩まされる日々が続いていました。対処療法として薬を処方された結果、高校を卒業する頃にはたくさんの薬を飲まざるを得ない状況だったといいます。

　大人になって、なぜ自分はこのような体調が続くのかと疑問に思い、調べていくうちに自身の生活習慣に原因があるのではないかという結論にたどりつきました。その後、約2年間生活習慣そのものを見直したところ、それまでの体調不良がほとんど改善されていきました。この経験から、今日の自分の体調はそれまでの生活習慣とつながっていることを強く体感したのです。

　しかし、社会に出てみると毎日の習慣と健康に気を使って生活している人が驚くほど少ないことに気づきました。友達と朝まで飲み続けて頭が痛

くなったり、ご飯を抜いたりしても気に留める気配はなく、そのような習慣が蓄積されていくにつれて、体調が悪化していく人が多く存在していたのです。自身の経験から、その背景には生活習慣病という大きな社会問題が存在していることに気づきました。

しかし、普段特に問題なく生活をしている人に「こんな食生活をしていたら体が悪くなりますよ」といくら伝えたところで、生活習慣病になる前からその危険性に気づくことは難しく、「うるさい」と思われてしまうだけです。

わざわざでは、**そのようなメッセージを生活のなかの「美味しい」「楽しい」「面白い」といった軸に置き換えて、「お店に並んでいる商品を使っていたらいい気持ちになった」「このお店に通っていたら健康的な生活に変わっていた」ということを実感してもらえるような体験を提供すること**を目指しています。

## まだ健康の大切さに気づいていない「ふつうの人」へ

平田氏は「おこがましいのですが」と前置きをしながら、これは1つの「教育」だといいます。そのため、わざわざが対象とする主な顧客は、すでに普段の生活から健康意識が高まっている人ではなく、自分の健康の大切さに気づいてほしいけど、まだ気づいていない「ふつうの人」と捉えているのです。

そのような「ふつうの人」がわざわざに触れていくことで、少しずつ健康に対する意識が高まり、将来的に生活が改善されていく。そういった体験を長い目でつくっていきたいという将来像を描いています。そのため、わざわざの真の顧客は、健康意識が高まった理想の生活習慣を持つ人というよりも、理想的な健康状態になるために、これから一緒に歩んでいく「ふつうの人」としています。

たとえ健康状態が悪くても、わざわざと日々触れ合うことで体調がよくなっていく。今は生活習慣の大切さに気づいていない人が、どのような

きっかけでもいいからわざわざに触れて、その人たちが自律していく。それがわざわざが届けたい理想的な体験です。

## ■「ふつうの人」が変わるための情報の届けかた

わざわざを創業した当初は、国産小麦・無添加・オーガニックなど、枕詞に「健康」や「自然」を想起させるような表現を多用していました。しかし、そうするともともと健康意識の高いお客様は来店してくれるものの、自分たちが求めていた「ふつうの人」が来てくれることはありませんでした。

そのため、そのような枕詞を全てやめて、商品のビジュアルや店舗の雰囲気を全面的にアピールすることによって、「美味しい」「楽しい」「面白い」と思ってもらえるような表現を重視していきました（図3-19）。もちろん、わざわざに来店するだけで「自分は健康意識が低いんだな」と気づくお客様はいません。わざわざで買い物をした人のなかから、購買単価や頻度が高い上位の顧客へアンケートをとった結果、利用期間が長いほど「わざわざによって生活が変わった」と回答する人が多いという結果が、判明していきました。

図 3-19　商品のビジュアルや店舗の雰囲気をアピール

アンケートでは、どこでわざわざのことを知ったか、どの店舗に行ったことがあるか、何を買ったか、改善してほしいことはあるかなどの情報を細かく聞き、わざわざのファンの人ほど熱心にアンケートに回答してくれるといいます。あわせて、ファンを招待した座談会も実施。1回につきオンラインで2時間ぐらいファンの方と会話をしています。

この座談会はわざわざにとって「真の顧客は誰なのか」を見極める目的もあるといいます。わざわざのファンはメールの開封率などが高く、一般的なECサイトと比較しても異常値といえるほど、熱心にわざわざの情報を見てくれているのです。そのような人は、なぜ長期的にファンでいてくれるのか、わざわざがこれからも成長を遂げていくために、把握するようにしています。

## お客様にとっての本当の価値

お客様にとってわざわざの本当の価値は、日々の生活のなかでは実感しにくいところにあります。生活の考え方が変わる、習慣そのものが変わるというのは、1人ひとりにとって大きな変化です。それが1つのお店がきっかけになって起こっているのは、大きなインパクトといえます。

たとえば、毎日コンビニの弁当を食べていた人が、わざわざに来ることで自分でご飯を炊く習慣ができてくるように、少しずつ変わっていくことが理想です。わざわざは、「コンビニのご飯はよくない」というメッセージを伝えて習慣を変えるのではなく、あくまで商品を届けて「こんな楽しいことがありますよ」「こんな気持ちになりますよ」と伝えるようにしています。社内でも北風と太陽にたとえながら、北風のように強制的に変えていく伝え方はダメだと伝えているそう。

また、「ふつうの人」といっても単純ではありません。人によって「ふつう」はそれぞれ異なるからです。わざわざでは、**「私のふつう」は「あなたのふつう」と違うかもしれないという前提で、あなたのふつうを応援するという姿勢がブレないようにしています。**

わざわざでは昆布や鰹だしも売っていますが、お客様に「出汁はちゃんととるべき」と調理方法を強制していたら、顆粒出汁の調理方法を排除してしまうことになります。逆にインスタント食品ばかり並んでしまうと、よい昆布や鰹だしがお店に置けなくなってしまいます。お客様の「ふつう」に応じて、どちらも選べるように「それぞれのふつう」を応援するようにしているのです。「それぞれのふつう」があるなかでも、そこから最良の選択ができるように、できるだけ添加物の少ないもの、安くはないけど健康を害するものが含まれていないものをお店で買えるようにしています。

　このように「ふつう」はお客様のなかにあるため、わざわざから「これがふつうだ」といわないようにしています。

## ■ わかり合うまで対話をする

　以前、ウールの靴下を販売した際に「わざわざのことを信じて買ったのに、こんなに早く穴が空いた」とお怒りの声が届いたことがありました。平田氏はこのお客様と直接会話し、靴下をお店に持ってきてもらい、どこにどのような穴が空いたのかを調べました。

　お怒りだったお客様はもともとわざわざの常連さん。わざわざを信じているからこその、愛のあるクレームでした。平田氏はそこで、穴が空いてしまったことに謝罪をしつつも、その商品がもっとよい商品になるために協力してくださいと依頼します。わざわざでは時折そのようなクレームをもらうことはありますが、**ただお客様をなだめるのではなく、自分たちの考えを伝えたうえでできるだけわざわざに協力をしてもらうように依頼しているのです。**

　以前、わざわざがテレビ番組に取り上げられ、その効果でお店にお客様が殺到してしまい、1人あたりの販売個数を制限せざるをえなくなったことがあります。その際、毎日パンを買っていたお客様から「いつも買っている個数が買えないと困る」とクレームがあったことがありましたが、そ

うすると他のお客様が買えなくなってしまうため、個数制限通りでしか販売できないことを真摯に伝えました。そのお客様は今でも10年来の常連です。

このように、愛のあるクレームに対しては、しっかりと考えを伝えていくことで理解をしてくれるお客様が多いといいます。**お客様の要求に合わせるのではなく、自分たちの考えをしっかり伝え、ちゃんと話し合うこと。事情を説明したうえで、断るべきことはちゃんと断ること。**そうすることで、お客様ともよい関係を築いていくことができました。

わざわざにとって、お客様は一緒に盛り立ててくれる仲間です。そのため、平田氏は「お客様」という表現にも少し違和感があるといいます。どちらかというとわざわざの一員のように感じている、だからこそしっかりと時間をかけて話し合うし、適当にあしらわない、わかり合うまで会話をしていくことを大切にしているのです。

## 世代を超えて起こる想定外の変化

平田氏は、講演会で全国に足を運ぶことがあります。最近、講演会にお母さんが子供を一緒に連れてくるケースが少しずつ増えているそうです。現在わざわざは創業15年目を迎えるところですが、創業当初赤ちゃんだった子が、中学生になって平田氏の講演会を聞きにきてくれることもあります。

お母さんから「わざわざのパンで離乳食を食べて育ったのがこの子です」と紹介されたり、別の講演会では14歳の中学生から「私が将来就職するぐらいの時期に、わざわざの事業はどうなっていますか」と質問を受けたりすることもあるそうです。そのような質問をするということは、生活習慣に対する関心が高いということでもあります。

これらの体験は、わざわざを創業した当初は想定もしていないことでした。1つのお店のことをお父さんやお母さんが自分たちの子へ伝え、その熱量が伝わっているのが少しずつ起きてきているのを目の当たりにし、わ

ざわざが人々の生活習慣を変えていくことができていると実感するといいます。

## わざわざの価値の見つけかた

わざわざの価値の見つけかたを整理すると、図 3-20 のようにまとめることができます。

図3-20　わざわざの価値の見つけかた

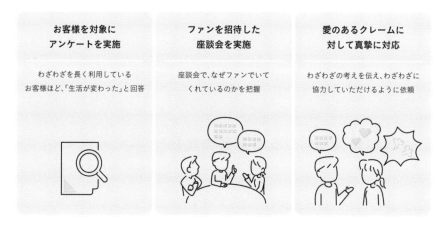

わざわざが提案する価値の特性上、お客様がわざわざの価値を実感するためには長い年月が必要になります。そのため、どのような情報に接触し、どのような体験をしたお客様がわざわざのファンになってくれているかをさまざまな手法から解明しようとしています。

また、健康的な生活を取り入れるために、「やるべきではないこと」を押し付けるのではなく、「こういう生活は楽しい」というメッセージを発信し、お客様の生活習慣が少しずつ改善されていくことを理想としています。

そのため、お客様自身はわざわざの価値を実感しづらく、長い間わざわざを利用していただいていると、ふと気づいたら健康的な習慣に変わって

いるという声があがってきます。その長い年月のどのような体験がお客様を変えていっているのか、ファンになってくれる真の顧客の体験を紐解きながら、問いかけているのです。

## 平田 はる香（ひらた・はるか）

2009年長野県東御市の山の上に趣味であった日用品の収集とパンの製造を掛け合わせた店「わざわざ」を1人で開業。2017年に株式会社わざわざを設立した。2019年東御市内に2店舗目となる喫茶/ギャラリー/本屋「問tou」を出店。2020年度で従業員20数名で年商3億3千万円を達成。2023年度に3、4店舗目となるコンビニ型店舗「わざマート」、体験型施設「よき生活研究所」を同市内に出店。また初の著作『山のパン屋に人が集まるわけ』が2023年にサイボウズ式ブックスより出版された。

https://waza2.com/

第 **4** 章

共に価値を「伝える」

ファーストフォロワーと
価値を「伝える」

## 価値を伝えるプロセス

　この章では、第3章で紹介した企業とは別の6社のインタビューを通して、ファーストフォロワーと共に、どのように顧客に価値を伝えてきたのかを解説します。価値を伝えるフェーズにおいては、さまざまな事業のフェーズでファーストフォロワーの持つ資産を生かした取り組みが明らかになりました。必ずしも初期の顧客獲得のみならず、事業を成長させるフェーズにおいてファーストフォロワーと共に価値を伝える事例も含めて紹介していきたいと思います。

　価値を伝える手法は、いくつかのパターンに集約することができます。しかし、第3章と同様、ここでも重要になるのは、そのサービスの価値を伝えるうえでの課題と手法はセットで考えるべきということです。

　ファーストフォロワーと共に顧客に価値を伝えることに成功している企業は、価値を伝える手法にサービスとしての必然性が伴っています。

## 施策の狙いに応じてファーストフォロワーの特性を生かす

　たとえばメルカリの場合、メルカリに出品したことのない未出品ユーザーの態度変容を促進するために、メルカリを通して買い物体験を楽しんでいる一部のサロンメンバーと共にコンテンツを発信することで未出品ユーザーの行動を後押しするという効果を狙っています。他にも、YAMAPの場合、登山者ならではの行動履歴を起点にメディア向けにPR施策を展開することで、登山者のアプリダウンロード促進を狙っています。

　各社の「価値を伝える」取り組みにおいては、ファーストフォロワーを

目的もなく巻き込んで施策を実施するのではなく、施策の狙いに応じてファーストフォロワーの特性を生かした取り組みを行っています。ファーストフォロワーへの理解と、彼らと共に価値を伝える取り組みは全てが一連のプロセスでつながっているのです。

価値を伝えていくために解決すべき課題に対して、ファーストフォロワーをしっかりと理解し、その特性を生かすことによって、そのサービスならではの施策の必然性が生まれます。ここでも、各社の手法をそのままトレースするのではなく、自社にとってのファーストフォロワーの特性を理解しながら、事業課題に即した手法を検討することが重要になります。

各社の展開する施策から、ファーストフォロワーと共に価値を伝える施策のヒントを紹介します。

## 第4章で紹介する事例

# 4-2 ファンの発信による ポテンシャルユーザーへの アプローチ

## 約3,610万人のポテンシャルユーザーにアプローチする

| | |
|---|---|
| **企業情報** | 2013年設立。誰でもスマートフォン上で簡単に商品を出品・購入できる個人間取引（CtoC）のためのマーケットプレイス |
| **ビジネスモデル** | CtoCプラットフォーム |
| **ファーストフォロワー** | メルカリの情報を日常的に発信しており、趣味やライフスタイルの一部としてお買い物を楽しんでいるユーザー |

図4-1　日本を代表するフリマアプリ

　メルカリは、月間利用者2,300万人を超える（2023年11月時点）日本を代表するフリマアプリです（図4-1）。メルカリでは、創業当初こそTVCMやデジタルマーケティングによってユーザーを獲得してきたものの、さらなる拡大を目指すための手段としてコミュニティに注目します。その背景に

は、フリマに出品したくてもしたことがない約3,610万人のポテンシャルユーザーをいかに動かすかという課題がありました。

近年、ファンとの交流を通して、メルカリはコミュニティをアップデートし、ファーストフォロワーを起点とした価値の共創を目指しています。

## メルカリがコミュニティをつくる理由

コミュニティを担当する上村氏は、2016年にメルカリに入社後4年間カスタマーサービスの部署に在籍したのち、現在コミュニティや専任講師がメルカリの出品手順や売れるコツを伝える「メルカリ教室」の運営を担っています。

当時のメルカリジャパンCEOより、既存のお客様に愛してもらえるプロダクトであり続けるために、これまで実施してきていた「メルカリサロン」をはじめとしたさまざまな取り組みを、より戦略的かつ効果的に実施していくことをミッションとして託されました。そこで、カスタマーサービスでファンと近い距離で接していた上村氏がコミュニティチームにとりくんでいくことになったのです。

もともと、メルカリは2018年から「メルカリサロン」というコミュニティを運営していました。当時はPRが主幹の部署となり、オフラインイベントでメルカリが好きな人どうしのつながりをつくろうとしたものです。このイベントはメルカリで新しい機能を発表した際に、メディアを誘致する目的でも実施していました。上村氏は、その活動を引き継ぐかたちで新しくコミュニティチームを立ち上げます。その背景には、当時の事業課題がありました。

当時のメルカリは、累計出品数は順調に伸びている一方で、出品したい意向があるものの、未出品の人が約3,610万人いると試算。「出品したいけど一歩を踏み出せない」というポテンシャルユーザーにどうアプローチするかという大きな課題がありました。

それまでに行ってきたTVCMやデジタルマーケティングの施策で獲得

できるユーザーは着実にメルカリの出品者に転換できていた一方で、企業からの一方的な広告訴求だけでは難しいお客様に対する、新たなアプローチが必要と考えました。メルカリは良質な出品者が増えないと購入者とのマッチングが促進されないため、まずは良質な出品者を増やし、在庫をたくさん流通させることが何よりも不可欠なのです。

一方で、そもそも出品経験のないポテンシャルユーザーがどのような人たちなのか、解像度高く理解できていないことが課題でした。

さまざまなユーザーの声を聞いていくと、未利用者がメルカリに対して抱くイメージとして、出品したい意向はあるものの、転売などのネガティブな印象が一定のメンタルブロックとして作用していることがわかってきました。あわせて、出品の動機付けのためには他者からの推奨が重要ということも判明してきました。これらの分析結果から、コミュニティにスポットが当たり、本格的に取り組むことになります。

当初のメルカリは、「メルカリは若い人が使うサービス」というイメージが強かったため、60歳以上限定の座談会を開催して使いづらいと感じている人からのフィードバックをもらうようにしたり、ファンと一緒にメルカリのオフィスを利用して200人規模の文化祭を企画し、ユーザーと

図 4-2　ユーザーと一緒に開催したイベント

一緒になってイベントを開催したりもしました（図4-2）。

　しかし、顧客理解や熱量の可視化という点では一定の成果をあげたものの、取り組みとしてなかなか事業KPIにつながるインパクトを出すことができず、メルカリサロンの活動内容を一時見直すことにします。コミュニティの事業戦略上の役割を見直した結果、**お客様と直接接点を持ち、ファン化を進めることで、クチコミを通じてポテンシャルユーザーに対して信頼性のある情報としてメルカリの利用に興味を引き起こすことがコミュニティの重要な役割だと考えました。こうしてコミュニティの方向性を大きくリニューアルしていくことになります。**

　そこで、2022年にメルカリサロンをアップデート。少人数のメルカリファンによる活動を開始しました。

## メルカリサロンで出品を動機付け

　メルカリは「出品のやり方がわからない」「発送が面倒」といったお客様の課題に対して不安を払拭する施策や出品したくなる体験を提供することは得意。これまでもさまざまな施策を打ってきました。明確に課題が顕在化しているユーザーに対しては課題解決のソリューションを提供できますが、出品に至る動機付けをいかに行っていくかは課題でした。こうした動機付けの役割をメルカリファンに担ってもらうことで、利用を後押しする評判の形成を目指していきました。

　いくら公式がメルカリを使う理由を伝えても、メンタルブロックを超えて魅力を届けることは難しいのです。

　そのような背景から、リニューアル後のメルカリサロンでは、一部のファンの活動を通じてポテンシャルユーザーに対し一緒に動機付けをしていくことを主な活動として位置付けました。

　これまではコミュニティにメルカリが好きな人が集まって、わいわいおしゃべりをして解散という流れでしたが、**「売り買いの楽しさを"発信していく"コミュニティ」**をコンセプトにし、**コミュニティの外へ価値を広**

げていく活動へリニューアルしていく方針にしたのです。


## ■ 誰にオファーをするか

　リニューアル後のコミュニティのメンバーは、全てメルカリ公式から直接スカウトされたメンバーで構成されています。まずは、SNS上でメルカリに関連する発信をした人を全てリストアップ。Twitter（現X）やInstagramはもちろんのこと、ブログ、TikTok、YouTubeに至るまで、あらゆるSNSのユーザーをリストアップしていきました。

　次に、彼らの発信の特性を分析し、図4-3のように分類しました。


図4-3　発信者のモチベーション×フォロワーの目的マトリックス

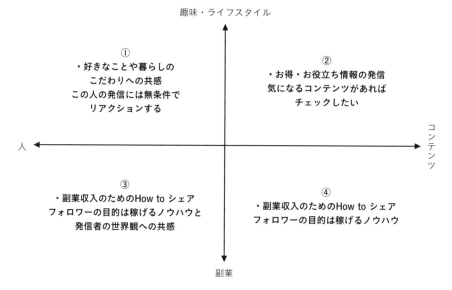

　そのなかで、一緒に活動したい人は上図の①②の象限に属するユーザーと定義。お金を稼ぐための副業の一環としてメルカリを発信している人ではなく、純粋に趣味やライフスタイルの一部としてお買い物を楽しんでいる人たちこそエンゲージメントの高いフォロワーがついていると考え、声

をかけていきました。

また、①②のなかでも、**必ずしもメルカリのコンテンツだけを発信しているユーザーを選ぶのではなく、趣味・ライフスタイルとしてお買い物そのものを楽しんでいるユーザーに声がけしたといいます。**

たとえば、無印良品の熱狂的なファンで、そのユーザーの発信の多くを無印良品の情報で占めている人が、無印良品の情報を発信するなかで、メルカリを活用して廃盤のアイテムを手に入れていました。無印良品はメルカリでも流通量の多い商品のため、このユーザーの発信が増えることで、メルカリ利用の動機付けにつながります。そのような要素も含めて誰にオファーするのかを判断しているのです。

このようにSNSにおけるメルカリに関連する情報を分析したうえで、そのユーザーに対して1on1でインタビューを実施。メルカリを使い始めた経緯や、なぜSNSで発信をしてくれているのか、メルカリ公式としてどのようなサポートがあれば、本人の活動をサポートすることができるのかを聞いていきました。そして、①と②に属するユーザーのうち、本人の活動にメリットを感じてもらえ、かつメルカリのビジョンに対して共感をしてくれた人へ正式にオファーをしました。

コミュニティに声がけする選定基準は次の2つです。

1　メルカリを「始めさせることができる強さ」を持っていること
2　未来のメルカリを応援してくれること

この選定基準は、単にコミュニティを盛り上げるためではなく、メルカリがコミュニティを始めるに至った事業課題にフィットしていなければなりません。もともと、ポテンシャルユーザーの出品に対する動機付けを事業課題として掲げていたことが、上記の選定基準につながっているのです。

メルカリのコミュニティでは、ユーザーの発信に対して金銭が発生する

ことはありません。メルカリからはユーザー本人の活動をサポートすること、そのサポートにメリットを感じてもらえるかどうかで、一緒に活動をしてくれる人かどうかを判断していきました。

　候補となるユーザーにとって、メルカリからどのようなサポートがあればよいかという質問に対し、最も多かった回答は「公式としてのお墨付きが欲しい」というもの。メルカリについての発信をしているとフォロワーから質問がくるものの、全て回答することができない場合があるといいます。その際に、そもそも発信している情報に信憑性があるのかどうかを疑われてしまうケースも少なくありません。そこで、メルカリからの公式のお墨付きがあるだけで、ユーザー自身も安心して情報を発信することができるようになるという声があがりました。これにより、情報を発信してほしいメルカリと、情報にお墨付きが欲しいユーザーのニーズがうまくマッチングしました。


## ■ メルカリサロンメンバーの役割

　第一弾として、メルカリでは 16 名のサロンメンバーと活動を開始しました。

　サロンメンバーの役割として求められるのは次の 4 つです。

1 UGC 創出
　　（キュレーション情報の提供や、新機能やサービスの先行案内）


2 サロンメンバーどうしによるコラボレーション
　　（SNS でのコラボ、サロン内インタビュー）


3 メンバーとの共創企画
　　（出品大会講師、メルカリコラム記事作成）

## 4 サロンを起点にしたメディアリレーション構築

(メディアインタビュー ※サロンメンバーにはライターも含まれているため)

　まずは発信力の強そうなお客様の発掘を行い関係構築をして、コミュニティ内で提供する情報や体験に価値を感じてくれるかどうかの検証を行いました。メルカリのトレンドデータを共有し、その情報を元に SNS でクリエイティブの素材に活用してもらいます (図4-4)。これらの活動を経て、サロンメンバーおよびサロン経由のメディア露出で数百万 PV を獲得するコンテンツも誕生し、これらをメルカリ独自のロジックで GMV 換算して社内へ成果を報告しています。

図 4-4　SNSで活用されたクリエイティブ

　メルカリとファンの関係も情報を give する側と take する側に分かれるのではなく、**お互いがパートナーとして、メルカリの価値を広げていく活動を一緒に行うことによって、双方にメリットが生まれる設計になっているのです。**

　また、個人のメルカリ先生と共につくった活動の1つが「メルカリ教

室」個人開催の取り組みです。これは、英語の先生が個人単位で各地に英会話教室を開くように、メルカリのやり方やコツを伝えるための教室を個人で立ち上げられるようにしました。これによってメルカリで商品を売ったことがないユーザーも、個人のメルカリ先生に商品が売れるまでサポートしてもらうしくみができていきました。その他にも、メルカリのオンライン配信講座に先生役として出演してもらうなど、さまざまな活動を通じてメルカリの価値を伝える活動を一緒に実施しています。

これらの活動はメルカリ側が搾取するようなしくみにならないように、サロンメンバー個人のプロフェッショナルなスキルを伴った活動にはコミュニティ活動の枠を超えたプロジェクト（お仕事）として、報酬をお支払いすることにしているのです。

サロンメンバーはアイテムの紹介やメルカリの使い方だけでなく、メルカリに対する意見を発信している場合もあります。**サロンメンバーから発信される情報は、信頼性が担保されていなければ意味がありません。そこで、メルカリに対して正当な要望や主張を発信していたユーザーもあえてメンバーとして加わっています**。

そのようなファンと会い、直接話してみると、メルカリに対して伝えたい思いがあり、ただの批判ではなくサービス内容について真摯に提案としてのフィードバックをもらえる方だと感じ、一緒に活動してもらうことになりました。

このように、ポテンシャルユーザーに対してだけでなく、むしろメルカリの中の人に対して発信してくれることも少なくありません。メルカリの新鮮な情報をサロンメンバーへ提供していくことによって、メルカリ自身がフィードバックを得られる効果もありました。

このように、誰よりもメルカリを使っているファーストフォロワーとしてのサロンメンバーが顧客と企業双方にベクトルの向いた活動を行っていくことで、サービス体験をよりよいものにしながら、その価値を伝えていくことを継続的に行っているのです。

## ■ メルカリの価値の伝えかた

メルカリの価値の伝えかたを整理すると、図4-5のようにまとめることができます。

図 4-5　メルカリの価値の伝え方

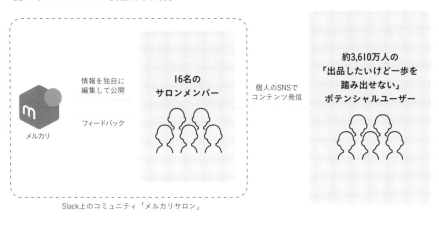

このように、16名のサロンメンバーに対してメルカリ関連の情報を独自にキュレーションして公開。その情報をもとに、サロンメンバーが各自のSNSアカウントで自身の特徴を生かしながらコンテンツを発信します。サロンメンバーにとってはメルカリからの情報が公式のお墨付きとなっていることと同時に、ポテンシャルユーザーにとってはサロンメンバーからの情報が、メルカリを始めるための後押しにもなっている点が特徴的といえます。

また、**サロンメンバーの活動にも任期を設定しており、限られた期間のなかでモチベーションを維持しながら活動してもらうための工夫も見られます。**

メルカリとサロンメンバーが1つのチームとなって価値を伝えていくことによって、メルカリの経済圏が広がっていくのです。

**上村 一斗 (うえむら・かずと)**

2016年1月にメルカリにJOIN。新規サービスのCSチーム立ち上げ、採用・育成を担当する部門のマネージャーやCommunityチームの立ち上げなどを経て、現在はコミュニティ運営やメルカリ教室事業を担当。

https://jp.mercari.com/

# 4-3 コミュニティの共助のしくみを コンテンツに活用

## さらなる成長のドライバーとしてのPR

| 企業情報 | 2013年設立。スマートフォンに搭載されているGPSと、オリジナルの地図をマッピングすることで、電波の届かない山の中でも自分の現在地と行き先がわかるアプリケーションサービス |
|---|---|
| ビジネスモデル | スマホアプリでの有料課金 |
| ファーストフォロワー | YAMAPを応援したいと思っている関与度の高いユーザー |

図4-6 登山に特化した地図GPSアプリ

登山地図GPSアプリ「YAMAP（ヤマップ）」を運営する株式会社ヤマップは、2013年にサービスを開始（図4-6）。アプリ業界ではその分野の市場シェアが1位か否かで、その後の戦略が大きく異なってくるという背景

から、サービス開始当初、まずは利益を度外視しても「規模を拡大」させることに注力してきました。

　その後、小野寺氏が 2019 年に入社。当時のヤマップはファンの重要性は認識していましたが、表立ってその領域に着手できていたわけではありませんでした。また、ユーザーの規模は伸びていたものの、さらなる成長を遂げるためには、PR の力が必要と考えていました。そこで、ヤマップの持つ最大の資産である登山者コミュニティ力に着目し、YAMAP の価値を伝えるしくみを構築しようと思ったそうです。

## ■ 最大の資産は「日本最大の登山者が歩いた生ログ」

　もともと、ネスレ日本で「バリスタ」や「ドルチェグスト」といったコーヒーマシンをベースにしたコーヒーのサブスクビジネスの責任者を務めるなど、ずっと通販畑を歩いてきた小野寺氏は、ビジネスとして顧客と繰り返し接点をつくりながらマネタイズしていくというモデルをヤマップでも実践できないかと考えました。

　ヤマップは日本最大級の「登山者が歩いた生ログ」を保有していることが最大の資産。一方で、アプリでもレシピ系なら朝・昼・夜と 1 日に 3 回接点を持つ機会がつくれ、LINE のようなコミュニケーションアプリなら 1 日に 10 回以上接点を持てる場合も少なくないのに対し、登山アプリは 1 ヶ月に数回程度。毎週のように山に行くという人でも絶対に必要になるのはせいぜい、月に 4 回程度です。

　日常的に使うアプリ群と比較すると、接点を持てる機会が圧倒的に少ないので、その接点の 1 つひとつを濃くしていかなければならないと感じていました。

　そこで、ヤマップでは最大の資産である登山者の歩行ログから、他社では真似のできないニュースを作って配信。それが、2021 年から毎年発表し続けている「日本一道迷いしやすい登山道」というニュースリリースです。これは、約 410 万ダウンロード（2024 年 1 月現在）という規模に加え、

登山者のファーストパーティデータ（自社で収集した一次情報としてのデータ）を保有しているからこそ抽出できる独自のしくみです。

## 登山者どうしの共助のしくみ

「日本一道迷いしやすい登山道」の発見は、ヤマップがもともと保有しているユーザーの行動履歴の観察によるものでした。登山地図 GPS アプリ「YAMAP」は、単に登山地図を見ることができるだけではなく、自身の登山記録を「活動日記」として写真や文章でシェアしたり、通った道や時刻をログとして残したりする機能があります。そのような登山者 1 人ひとりのつくる日記コンテンツが、登山コミュニティを通して循環し、次にその山に行く人の役に立つというのが YAMAP の「循環コンテンツ生産」のしくみです。

また、「登山道が壊れていた」「道に迷いやすい」「トイレがあった」など、登山中の気づきをその場で YAMAP のアプリ上にメモして、次にその場所を訪れる人に伝達できる「フィールドメモ機能」も循環コンテンツの 1 つ。たとえば、登山をしていると道案内の看板が老朽化して壊れているケースも少なくありません。そうした際に、そこを通った登山者が気を利かせて「フィールドメモ」にコメントを入れ、情報をシェアしてくれています。つまり、**ユーザーどうしが、YAMAP を使って次に山に行く人の役に立つ情報を共有しあう「共助」のしくみが出来上がっているのです**（図 4-7）。

図 4-7　ユーザーが情報を共有するフィールドメモ

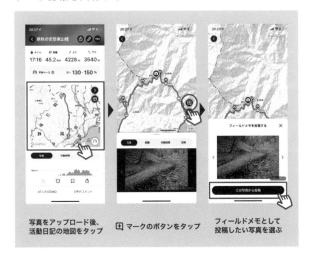

写真をアップロード後、
活動日記の地図をタップ

⊞ マークのボタンをタップ

フィールドメモとして
投稿したい写真を選ぶ

　**この共助のしくみを利用して、YAMAP のアプリ内で道に迷いやすいという「フィールドメモ」が多く打たれた場所を収集し、全国の山の中から特に道に迷いやすい地点を炙り出していきました。** このようなユーザーの行動からなるビッグデータを活用し、社会的にも価値のある情報に変換したのが、「日本一道迷いしやすい登山道」のプレスリリースでした。

　このプレスリリースは、必ずしも YAMAP の PR という側面だけではありません。実は、警察庁が公表している「令和 4 年における山岳遭難の概況」によれば、直近 10 年は毎年、1 年間に山岳で遭難する人は 3,000人前後で推移しており、社会課題となっています。また、そのうちの約 4割、つまり 1,200 人程度は道迷いによる遭難です。ヤマップでは、もともと登山者の道迷い遭難をゼロにしたいという思いがありました。なぜ、GPS 付のスマホが普及しているにもかかわらず道迷い遭難者が発生してしまうのか。遭難者を減らすためにできることを考えた結果、そもそも「道迷いをする人を減らす」べきという結論にいきついたのです。

　YAMAP では登山者の歩いたルートが可視化されているため、迷いやすい地点で実際にどれぐらいの YAMAP ユーザーが道に迷っているかがわかります。従来は知り得なかった情報を、登山者のログから導き出したの

です。その情報をテレビなどのメディアに提供し、登山者の道迷いについて報道をしてもらった結果、道迷いの多い登山道に新たに方向を指し示す案内標識が設置されました。また、この標識が設置された箇所のログを確認すると、設置後に道迷いをする人がゼロになったということも確認できました。この一連の施策によって、小野寺氏は2つの気づきを得たといいます。

1つは、**膨大な登山道の中から「道迷いを誘発しているポイント」を登山者の力**（＝アプリへの投稿）**によって特定することができたということ。**もう1つは、**たった1本の案内標識で、道迷いは防げることを実証・可視化できたということです。**

もし行政機関や地元の団体などが登山道に案内標識を設置するとしたら、そこには費用がかかります。しかも、実際には、どこに標識を立てるべきなのかがわかりませんでした。それをユーザーの行動ログによって可視化することができたのです。

また、従来は案内標識の有無によって、本当に道迷いが減ったか否かを把握するすべもありませんでした。ところが、ユーザーの行動ログがわかることにより、標識設置の前後を比較することで、効果検証も可能になったのです。

## ユーザーの力で出来上がったしくみ

ここで重要なのは、道に迷いやすい場所はヤマップが見つけたのではなく、全てユーザーの力で可視化されたということ。また標識設置の効果もユーザーの行動履歴が証明したということです。YAMAPのサービスの核である、登山コミュニティを通した循環する「共助」のしくみが生かされた結果、未来の登山者の道迷いをゼロにした社会課題解決事例でした。

では、なぜYAMAPユーザーはそのような情報を提供してくれるのでしょうか。実はここには、登山者が伝統的に受け継いできた、山での共助の精神と関係があるようです。たとえば、登山者どうしが山ですれ違う

と、必ずといっていいほど「こんにちは」と声を掛ける習慣があります。これには山の中でお互いの存在を確認する意味も含まれているといわれています。常に挨拶をしておくことで、万が一遭難したときにすれ違った人に少しでも覚えておいてもらうという、共助のカルチャーが長い間歴史として存在し、誰かの役に立つという行動を登山者は習慣として自然に身に付けているというわけです。

それと同様の考え方で、YAMAPのアプリ内では誰かの役に立つようにと「フィールドメモ」が投稿されていきます。また、投稿してくれた内容に対して参考になったかどうかをフィードバックできるしくみが実装されています。たとえば、「●●さんがあなたのフィールドメモを参考になったと評価しました」というように、自身の付けた「フィールドメモ」に対して誰かがそれを評価してくれるしくみです。このことによって、投稿者は誰かの役に立ってよかったと感じ、また別の場所での投稿につながるのです。このように、登山者のもつ共助の精神をアプリ上で価値ある生情報の提供と感謝のしくみに変え、永続的なサービスにつなげています。

## ■ 登山者に応援されるサービスに

YAMAPは無料でも使えるアプリですが、サービスの内容がグレードアップした有料課金サービス（YAMAPプレミアム）もあります。2020年の調査では、プレミアムユーザーのうち44％の人が「YAMAPを応援したいから」と課金理由に回答しています。このようにサービスを応援したいと強く支持される気持ちはどこから来るものなのでしょうか。

「1つの要因として考えられるのは、YAMAPの登山地図やサービスを使って『役に立った』という体験になることで、何かしらの恩返しをしたいという気持ちの人が多そうだということ。特に、山中で切実に役立ったと感じるのは、YAMAPを使ったおかげで道迷いを回避できた経験をした時。命を守るツールとしてYAMAPを応援してくださる方も多いようです」と小野寺氏。ユーザーに「これまでに道を間違った経験はあります

か？」と聞くと、8割以上の人が迷った経験があると回答。YAMAPを活用し、助かった経験があるからこそ、強く支持されているといえます。

　以前、長野県の上高地で登山者家のヒアリングを行うために登山道でヤマップの看板を掲げていたことがありました。そうすると、ヤマップのロゴに気づいたYAMAPユーザーの人たちが、「ヤマップさんにはいつもお世話になっているから協力しますよ」と自ら声をかけて協力してくれたそうです。

## ヤマップが目指すユーザーとの価値共創

　「YAMAPのおかげで人生が変わった」「登山仲間ができた」と言われることが多くあるそうです。

　YAMAPは、単なる登山地図のサービスの域を超え、登山者による登山者のための「SNSサービス」になっています。ヤマップが無理にユーザーをつなげるのではなく、誰かの登山活動そのものが他の人の参考になるという情報共有コミュニティが前提となっているのです。そのなかでYAMAPが果たすべき役割は、**ユーザーどうしのインタラクションが発生しやすい環境を提供すること。**

　たとえば、YAMAPでは「活動日記」で、写真を投稿した人に質問やコメントを投げかけることができます。日常生活で見ず知らずの人にコミュニケーションをすることはなかなかなくても、山の情報を知りたいという思いと、人の役に立ちたいという気持ちから、登山者どうしの会話が発生しているといいます。

　ヤマップでは、さらなる成長を遂げるために、YAMAPの価値が従来の「登山地図の利用」という機能的な価値に加え、「命を守る山のインフラ」という公共的かつ情緒的な価値へと発展していくことを目指しています。さらに、ユーザーと共に価値を共創していくことによってそれを実現するというのがYAMAPの目指す未来なのです。

## 「価値の循環」を、自然体で引き起こすしくみづくりが大切

「ユーザーとともに価値を共創していく」と言うのは簡単ですが、それを実現するためにヤマップは具体的にどのように取り組んでいるのでしょうか？

ここで1つの施策を紹介します。YAMAPでは、全国の紅葉の様子（写真）をまとめて把握することができる「リアルタイム紅葉モニター」というコンテンツを提供しています。これらは、ヤマップから「紅葉の写真を投稿してください！」というような呼びかけや、「投稿したら○○をプレゼントします！」というようなキャンペーンを実施して投稿を依頼するのではなく、登山者が山に登って自らの意思で撮影した紅葉の写真を二次利用することで新たな価値のあるコンテンツが出来上がっています。ヤマップが行うのは、登山プラットフォームとしてYAMAPに投稿された紅葉の写真を仕分けてまとめることだけ。登山者の行動のなかに、自然にヤマップが入っていくことを重視しています。

さらにこの施策を社会課題の解決と連動させた施策が「リアルタイムライチョウモニター」です。ライチョウ（雷鳥）は北アルプスや中央アルプスなど、限られた高山帯のみに生息する希少野生動植物種として国の特別天然記念物にも指定されている鳥です。古代山岳信仰では、神秘性を帯びた「神の使者」の鳥とされていました。このライチョウがいつどこで撮影されたのかを一覧で見ることができるしくみが「リアルタイムライチョウモニター」です。

ところで、「紅葉モニター」は、旬の紅葉を見逃したくない登山者が利用するコンテンツです。一方、「ライチョウモニター」はその場所に行ったからといって必ずしもライチョウを見ることができるとは限りません。では、何のために「ライチョウモニター」は存在するのか。その答えは、環境省と共に実施したライチョウの「生息域調査」でした。従来の生息域調査では、紙の観察カードを使って実施していました。善意で協力してくれる登山者にライチョウの観察を依頼し、観察地点はどこか、いつ見つけ

たのか、オスかメスか、写真の有無などを記入してポストに投函してもらうしくみです。

　YAMAP では、登山中にライチョウを見つけて写真を撮影していたユーザーの活動日記のデータを活用し、いつ、どの場所で、どんなライチョウを見つけたのかを可視化。紙の観察カードを使っていたときと比べ、ライチョウが観測された回数は3倍以上、写真提供枚数は9倍以上、個体が特定できた件数も7倍以上と大幅にアップ。これによって、ライチョウの生息域も従来と比較してかなり広範囲になっていることがはじめて可視化されました。

　「ライチョウは動きが遅く、人が近くにいても気にせず歩く姿もかわいいので、登山者に大人気。ライチョウを見つけた人は、思わず写真を撮影したくなります。このような企画で意識しているのは、とにかくユーザーの行動を邪魔しないこと。登山者の行動特性を知っているからこそ、自然に行動導線に入っていけるのです。それこそがファンマーケティングのヒントだと思います」と小野寺氏は言います。

　まずはユーザー個人の欲求にしっかりと寄り添い、結果的にそれが社会のためになっているということが後でわかれば、ファンになる人が増えていきます。

　これを社会的な意義としてコミュニケーションをすることも可能ですが、そうすると意識の高いユーザーしか参加してくれないことも考えられるでしょう。課題解決のために、どのように取り組むか、そのアイデアが試されるところです。

## ミートアップでクチコミを生む

　ヤマップでは、ファンに直接会う施策も実施しています。もともと、ファンの声を聞く活動については創業者である代表取締役 CEO の春山氏が、サービス立ち上げの頃から全国をめぐってユーザーの懇親会に参加するということを地道にやっており、一定の手応えがあったといいます。そ

のような事例に習い、YAMAP のさらなる成長を遂げるために、2023 年から集中的にミートアップを実施。狙いはアプリのダウンロードをクチコミによって増やすことができるかどうか、実験することにありました。

アプリは、2013 年のサービス開始から大きな広告費を使わずに約 5 年間で 100 万ダウンロードを達成しています。そこにはユーザーどうしのクチコミが大きく影響していることがわかりました。

登山はもともとグループで行くことが多いアクティビティです。4〜5 人ぐらいで山に行く場合も多く、もし山に行ったその場で YAMAP を他の人に勧めてもらえれば、1 人から 4、5 人という速度でサービスが広がっていくなど、**登山の場でクチコミされることでダウンロード数を伸ばしてきたという実績もありました**。そこで、クチコミに再現性を生み、どのような情報を提供すれば意味のあるクチコミが生まれるのかを考えた結果、サービスの熱狂的なファンを招待したミートアップを開催することにしたのです。

熱狂的なファンを伝道師（アンバサダー）にすることで、広告費をあまり使うことなく新規のユーザーに勧めてもらうことができると考えました。

ミートアップでは 3 時間のプログラムのうちおよそ 2 時間をヤマップのこれまでの活動報告に当てています。とはいえ、2 時間もヤマップの情報を一方的な座学として聞かせているわけではありません。**ファンだからこそ知りたい最新の情報を提供するのはもちろん、ファンならば知っておいてほしいコンテンツをクイズ形式で提供することで、飽きることなく情報をインプットすることができ、結果的にミートアップの後に自発的に他の人に YAMAP を勧めたくなる情報を持ち帰ってもらうことにつながっています**。

たとえば、YAMAP には遭難者救助をサポートするしくみがあります。山岳遭難が発生した際に各地の消防や警察からヤマップへ連絡が入り、遭難者の YAMAP 上のログを取得できないか、相談が来るのです。実際に、このしくみによって命を救えたケースも多々あります。しかし、その活動自体はあまり世の中に知られていません。そのような、一般には知られて

いない情報を熱狂的なファンに伝えていくことで、伝道師として YAMAP を広めてもらうための会話のきっかけを提供しています。

　ミートアップは 1 回あたり約 50 名を招待。これを昼と夜の 2 回実施し、1 日あたり計 100 名と会っていきました。さらにこのイベントを東京・横浜・名古屋・大阪・京都・福岡とエリアを分けて実施。ミートアップというと非効率に思われるかもしれませんが、実施後の調査では実際に 1 人当たり約 4 人にクチコミをしてもらえていることが判明。また、YAMAP を他の人に強く勧めたいという意向も 9 割以上。会場費を極力減らし、また運営も 3 名体制で実施するなど、ROI を意識した運営をしています。

　結果的に、クチコミの質を上げ、新規ユーザーに魅力を伝えることができているのです。

　このように、ファンの力を次の成長の推進力に変えていきながら、YAMAP というプラットフォームを継続的に育てています。

## YAMAP の価値の伝えかた

　YAMAP の価値の伝えかたを整理すると、図 4-8 のようにまとめることができます。

図 4-8　YAMAPの価値の伝えかた

YAMAP のファーストフォロワーの貢献は 2 つの視点で整理することができます。

　1 つは登山者のアプリという特性上、ファーストフォロワーが登山をするタイミングで YAMAP のアプリ自体を直接的なクチコミで広めてくれるという点。もう 1 つは、ファーストフォロワーをはじめとしたユーザーの生ログをヤマップが編集し、登山者やメディア向けに価値のある情報に変換して発信している点です。

　アプリのユーザー増加、メディアへの PR と共にファーストフォロワーを起点として価値を伝えているという取り組みが行われているのです。

**小野寺 洋（おのでら・ひろし）**

大学卒業後、「通信教育（ベネッセコーポレーション）」「飲料・食品（ネスレ日本）」「化粧品・食品（JIMOS、協和）」などのメーカーで、ダイレクトマーケティングに従事。広告企画、販売手法開発、共同事業開発、M&Aなどを手がける。2019年7月より株式会社ヤマップにて登山をテーマとした「ファンベース」型の消費者コミュニケーション事業（D2C）を運営。

●https://yamap.com/

# 4-4 ギフティングによる市場の開拓

「未利用魚」を美味しい食卓に変える

| 企業情報 | 2018年設立。「未利用魚」の活用でお魚のフードロスを減らすことにより"日本における水産業の発展"と"作り手、使い手、社会を豊かにすること"を目指す、お魚のサブスクリプションサービス |
|---|---|
| ビジネスモデル | サブスクリプションサービス・水産卸売事業 |
| ファーストフォロワー | 魚料理に関心が高く、フィシュル!への関与度が高いユーザー |

図4-9　未利用魚を積極的に提供

　漁業では、味には関係のないさまざまな理由から規格外として、市場には売られない魚が多く存在します。サイズや形が不揃いなもの、傷がついているもの、多く取れすぎたもの、マイナーなものなど、通常のルートで

販売されず行き場を失っています。多い日では水揚げした魚のうち9割が食用として販売できない場合もあるほどです。

ベンナーズが運営するフィシュル！ではそうした「未利用魚」を積極的に買い付け、最適な味を施して食卓へ提供しています（図4-9）。

フィシュル！では市場を広げていくために、フィシュル！に対する関心が高そうなSNSのユーザーに商品をギフティング。ギフティングしたユーザーを起点にUGCを増やすことにより、市場の受容性を確認すると共に、その価値を伝える取り組みをしています。


## ■ クラウドファンディングで事業を検証

フィシュル！は2021年に事業を開始していますが、もともとは2020年5月にCAMPFIREでクラウドファンディングを実施したことからスタートしています。

海と農地の規格外の食材を使い、ミールパックのようなものをつくって冷凍で販売できないかと考えたところから始まりました。規格外の魚やコロナの影響で出荷できずにいた魚を活用し、ミールキットと加工品を製造するプロジェクト、「うみのうち食堂」として立ち上げたのです。結果的に1ヶ月で約400人の支援者が現れ、ビジネスに一定需要があると判断して本格的に事業化に踏み切りました。

現在のフィシュル！としての事業は2021年の3月に立ち上がり、1ヶ月程度で約100人の顧客を獲得しました。当時は人員も不足していたため、代表の井口氏自ら魚を捌いて1つひとつ出荷していたといいます。そこから2023年12月には総会員数2.5万人が利用するサービスにまで発展しました。そのなかには、うみのうち食堂のクラウドファンディングで支援してくださったお客様もいました。また、もともと福岡のスタートアップということもあり、福岡のローカル番組や新聞・ラジオ等のメディアに出演するたびに応援してくれるお客様が増えていきました。

それに加え、**創業当初はSDGsへの関心も高まろうとしていたタイミ**

ングでもあり、「未利用魚」というキーワードから社会貢献としての文脈で購入してくれているお客様もいたといいます。そこから少しずつサービスそのものの魅力も伝えられるようになってきて、「魚が美味しそう」「魚は苦手だけど、食べられそう」といった意見も徐々に増えてきていました。

　お客様のアンケート結果を見ると、購入することがフードロスにつながっていると感じている人の割合が最も多い一方で、サービスを継続する理由としては「手軽に食べられる」「美味しい」「食卓が豊かになる」という回答が多くあります。

　フィシュル！を知ってもらうきっかけとして、SDGsの文脈は非常に強く影響していますが、実際にサービスを利用し続けるには月額5,000〜11,000円がかかります。そのため、フィシュル！によって自身の生活がよくなっていると実感できないとなかなかサービスの継続にはつながりません。そのため、フィシュル！では魚を食べることの価値を最大化するための体験を提供し続けています。

　たとえば、届いた魚でアレンジレシピができたり、これまで食べられなかった料理が食べられるようになったりするという価値を感じてもらうこともその1つ。そこに価値を感じてもらうことと、加えて社会貢献にもなると思われれば、継続率は高まっていきます。

## 魚を食べる体験を後押し

　フィシュル！はそもそも魚に下味がついた状態で瞬間凍結されています。そのため、生食用の商品は解凍するだけ、加熱する商品の場合も湯煎をするだけで手軽に魚を食べられるようにできています。この「下味しかついていない」ところがポイントです。つまり、**手軽に食べたいと思う人はそのまま食べることができる一方で、届いた商品にひと手間加えてアレンジができる余地が残されているともいえるのです。**

　フィシュル！はサブスクリプションサービスのため、必然的に継続していて、生活のなかにしっかりと根付いている人がファンになります。この

ように継続率の高い顧客に対しては、定期的にインタビューを実施しています。継続率を高めるためには満足度を高めていくしかありません。サービスの満足度を高めるために、実際に長く利用してくれている人の声を聞くことで、その人がサービスのどこに価値を感じているかを調査。ロイヤルユーザーになる人を把握できるようにしています。

具体的には、趣味が多く、可処分時間が限られている人が、時短で健康的な食生活を送れるアイテムとして選んでくれています。魚はただでさえ捌いたりする手間がかかりますが、カルパッチョなどが手軽にできるのは価値として感じてもらいやすいポイントなのです。他にも料理や味の発見の楽しさ、家族が喜んでくれるのがいいといってくれている顧客もいます。

## ■ サービスの価値を最大化する

フィシュル！は未利用魚を使っているため、一般には知られていない魚も多くあります。料理をした魚について話すネタもできるという点も評価されているポイントです。

ファンの多くは、このようにこれまでと違った魚料理をつくることができ、献立やレパートリーが増えていく楽しさを実感しています。顧客の9割は週に3回は自炊をする人で、日常的に料理をしている人でも献立やレパートリーが増える楽しさがあると回答してくれています。

このようなサービスの価値を最大化するための1つの施策として、フィシュル！の商品パッケージにあるQRコードを読み取るとアレンジレシピが掲載されたページを見ることができるようにしています。このように体験を後押しすることが、サービスの継続率としても数値に現れています。魚料理のアレンジをしてもらえばしてもらうほどファンになりやすい傾向があることを発見。アレンジをしている人の方が、サービスの継続率やNPSが高いことが数値的結果としても現れてきています。

**フィシュル！に興味を持ってもらう入り口は「未利用魚」の活用ですが、**

**サービスを継続し、ファンを生む理由は異なるところにあるのです。**

この体験を後押しするのに、ファンも自らその担い手となります。SNSで「＃フィシュル飯」というハッシュタグがあり、ここにそれぞれの自宅に届いたフィシュル！を使った料理を投稿しています（図4-10）。ユーザーどうしで積極的にコメントを交わしてはいないものの、そのハッシュタグを介してある種のコミュニティのようなものができています。現在では月に100件ほど「＃フィシュル飯」のUGCが投稿されるようになりました。

図 4-10 さまざまな投稿画像

フィシュル！は顧客が投稿してくれたUGCにリアクションすればするほど、UGCがさらに増えていくことを実感し、積極的にコミュニケーションをしています。他の人が美味しそうなレシピをアップしているのを発見し、「この前届いた食材でつくってみよう」といった体験の変化が生まれていることがインタビューからもわかっています。

## ■ 市場を開拓していくギフティング

フィシュル！では現在、定期的にSNSのユーザーへのギフティングを行っています。これは、もともとフィシュル！のブランドを内輪の盛り上がりにしてはいけないという思いから、仲間を新たに増やし、輪を広げていく取り組みの一環として行っているものです。

ギフティングをしていくために、ユーザーに公式からお声がけをしています。ギフティングする対象は、フォロワー数なども一定の指標にするものの、**最も重視しているのはフィシュル！に対して関心が高そうで、エンゲージメント率が高いアカウント**です。

ギフティングする相手も、レシピを投稿しているユーザー、ファスティングしている人、ランニングをやっていたりジムに通ったりしている人など、食生活に関心があり、健康的な生活を取り入れているなど、あえてさまざまなジャンルの人へギフティングをしています。

**これはフィシュル！が新しいマーケットでいかに受け入れられるか、どのような訴求をすれば受け入れてもらえるのかをギフティングを通して反応を見ながら検証しているといいます。**ギフティングに協力をしてくれるユーザーがどれだけいるか、また協力してくれたユーザーが投稿するコンテンツにどのような反応があるかを見ることで、特定の関心を持った集団に対してフィシュル！のサービスにどれぐらい可能性があるか、サービス自体の受容性を見極める意味合いもあるのです。

ある特定の関心を持った集団にギフティングを依頼した際の反応（承諾率）と、その集団がつくったUGCの反応は比例する傾向にあるといいます。つまり、**ギフティングに協力してくれる確率が高ければ、そのユーザーがつくったUGCは一定の反応が見込めるということです。**

さらに、あるユーザーに投稿してもらったSNSの動画のクオリティが非常に高く、公式で買い取ることもありました。ユーザーの制作したコンテンツは、企業が制作するものよりもリアリティがあり、より商品が美味しそうに見えます。

178

実際にその動画を LP で掲載したところ、LP のコンバージョン率も高くなり、その動画を広告で活用すると、広告への反応率も通常よりも高くなるという結果になりました。

## ユーザーの声を能動的に取りに行く

フィシュル！を運営するうえで、ユーザーの声を届くものだけ見ていては限界があります。ユーザーの反応を見ないと、どのようにフィシュル！を楽しんでいるかわかりません。**カスタマーサポートに届く問い合わせだけを見ても限界があります。ユーザーの声をこちらからどのように積極的に取りにいくかがポイントといいます。**

打ち手に悩んだらユーザーに答えがあると考え、インタビューや定量調査を含めて顧客の声を聞き、改善策を検討しています。たとえば、フィシュル！には商品に味付けの選択アンケートがついています。そのアンケートにより、自分が嫌いな味を選択して登録しておくと、次からはその味の商品が届かないしくみになっています。

そのアンケートには同時にフィシュル！への要望を記入できるようになっており、実際に記入された要望は、それが記入された瞬間に社内の Slack でも共有されるしくみができています。

また、ユーザーへの聞き方にも工夫があります。まずは定性調査で1人ひとりにインタビューをして、フィシュル！に感じている価値をまとめ、次に定量調査でその価値を感じている人がどれぐらいいるのかを把握します。具体的には「アレンジレシピ」「いろんなレシピがつくれる」「新しい豪華な一品」などの価値が挙げられ、その価値を感じている人ほど NPS も高かったことから、それらの要素を顧客に伝えるべきメッセージと捉えました。

フィシュル！の価値をユーザーに聞く際には、「魚料理ってもともとどのような印象でしたか？」ということから主にユーザーのなかにある課題を聞いていきます。そしてフィシュル！を利用することによって、その課

題がどう解決されたのかを把握していくのです。

　これを「フィシュル！の価値ってなんだと思いますか？」とストレートに聞いてしまうと、「未利用魚」のエピソードが出てきてしまうため、ユーザーが抱いている本当の価値に気づけない可能性があります。

　ポイントは、**ユーザーの生活のなかにおける課題がどう変化したのか、その課題が何によって解決したかを聞いていくことです**。このようにフィシュル！の価値の源泉を掘り起こすために、ユーザーに対して積極的に声を拾いにいくという姿勢を欠かさずに継続しています。

## ■ フィシュル！の価値の伝えかた

　フィシュル！の価値の伝えかたを整理すると、図 4-11 のようにまとめることができます。

図 4-11　フィシュル！の価値の伝えかた

　フィシュル！では、商品に関心が高そうなユーザーへのギフティングを通して、単なる UGC の創出だけでなく、ギフティングするグループを変えていくことによって、そのサービスの受容性を同時に検証しています。そして、ギフティングに応じてくれるグループほど、投稿された UGC の

反応もよくなっていくといいます。

　単なるサンプリングとしての商品のトライアルではなく、フィシュル！に対して熱量の高いユーザーによる良質な UGC を創出していくことによって、フィシュル！の魅力を伝わりやすくしているのです。

**井口 剛志（いのくち・つよし）**

1995年生まれ。福岡県出身。高校1年の夏に参加した日本の次世代リーダー養成塾をきっかけに、福岡大学附属大濠高校を中退し単身でアメリカメイン州にある、ボーディングスクールに編入。ボストン大学経営学部卒。祖父母の代から続く水産卸売会社に従事している父の背中を見て育つ。水産業界の複雑な流通構造に疑問を持つと同時に、大学で学んだプラットフォーム型ビジネスモデルに可能性を感じ起業。

https://fishlle.com/

# 4 - 5 情報を再編集できる 体験の設計

旅とライフスタイルに新しい選択肢を生み出すホテルのプロデュース

| 企業情報 | 2015年設立。『ホテルは街と人と文化をつなぐメディアである』という考えを大切にし、ホテルや旅館の企画開発・運営を行う |
| --- | --- |
| ビジネスモデル | ホテル事業、体験プロデュース |
| ファースト フォロワー | ホテルが発信する価値観に本当に共感し、情報を「再編集」するファン |

図 4-12　新しい選択肢をイメージさせるWebサイトのトップ画像

　水星は、「旅とライフスタイルに新しい選択肢を生み出していくホテルプロデュースカンパニー」として事業を展開するスタートアップです（図4-12）。創業者の龍崎氏は、自身が幼い頃の宿泊体験において、どの街に行っても似たようなホテルであることの満たされなさから、ホテル経営を志しました。どこに行っても同じ品質で宿泊できる素晴らしさがある一方

で、世界中のどこにも同じ土地はなく、それぞれの空気感を楽しむために旅をしているのに、宿泊先には均一的な空間しかない。その課題感を解消できるホテルをつくろうと、大学生で起業。

現在、「HOTEL SHE, KYOTO」「HOTEL SHE, OSAKA」「香林居」など、さまざまなコンセプトのホテルを立ち上げ、運営しています。

## 「HOTEL SHE,」の立ち上げ

ホテルは業態の特性から、開業するまでプレスリリース等で発信できるものがあまりありません。通常はホテルのパースをもとにイメージを公開するのが一般的ですが、「HOTEL SHE,」の立ち上げにおいて、ただ図面を公開してもあまり意味がないという考えが、龍崎氏にはありました。よいホテルであることを伝えるよりも、選ぶ意味のあるホテルブランドであることを伝えることにフォーカスし、**ホテルに備わっている機能的な側面ではなく、ホテルブランドが持つ世界観を打ち出すという戦略をとったのです。**

2017年に「HOTEL SHE, OSAKA」が開業する際には、まだ建設中のホテルにベッドを持ち込み、モデルのるうこさんを被写体にしたキービジュアルを公開。その斬新さが注目を集めました（図4-13）。

図 4-13 HOTEL SHE, OSAKA

今でこそ、その土地や街の風土に合わせてコンセプトを打ち出す「ライフスタイルホテル」が普及していますが、当時はまだその言葉すらなかった時代です。その創世記に HOTEL SHE, の事業をスタートさせました。

　当時はビジネスホテルや高級ホテルが主流で、それ以外はゲストハウスやドミトリーなどの選択肢しかありません。そこに突如現れた HOTEL SHE, OSAKA のビジュアルはインパクトを与え、同世代的な感覚を持っている人々から「これは自分たちのホテルだ」と感じてもらえることができたといいます。

　HOTEL SHE, OSAKA の開業に伴って、まず実施したのは知り合いや関係者などを招待したテストプレイです。1 週間で約 200 人の招待客を招きました。なかには、インフルエンサーと呼ばれる人々もいましたが、いわゆる職業インフルエンサーとは違い、龍崎氏が会ってみたいと思っていた人に直接お声がけをしたといいます。

　今でこそ一般的になっているインフルエンサーの招待イベントも、当時それを実施しているホテルはほとんどなく、宿泊した人々に自身の体験を SNS で発信してもらうことで発生した多くの UGC が起点となり、話題を広げることに成功したといいます。


## ■ 宿泊者が「再編集」できる体験

　HOTEL SHE, OSAKA の部屋にはレコードプレーヤーが置いてありますが、これはただかっこいい内装をつくるということが目的ではありません。ホテルを設計する段階から、宿泊するお客様がどのように「再編集」されるか、ということを考えながら、コンセプトから空間まで徹底してつくり込まれています。

　それはいわゆる SNS での「映え」を狙ったものとは大きく異なります。**いかにも「SNS で発信してください」という押し付けにならないような、宿泊するお客様がその部屋を訪れたときに、思わず人に話したくなる仕掛けをどうつくるかをあらかじめ考えて設計しておくことが重要です。**

たとえば、HOTEL SHE, OSAKA には、レコードプレーヤーとセットで LP レコードがある、レストランのメインメニューがピザであるなど、宿泊者が自ら気づき、体験した感想と共に語ることができる要素が豊富に設計されています（図4-14）。

図 4-14　誰かに話したくなる仕掛け

　ここでのポイントは、単純に写真を撮影するだけの体験ではなく、そこにお客様自身の体験を追加できるようになっていることです。つまり、**体験に魅力を感じてくれたお客様自身が、いかにその体験を「再編集」して発信したくなるか、また発信しやすい状態になっているか、というところまで考え尽くされています。**

　この、お客様による「再編集」というのが重要です。運営している自分たちが「素敵なホテルです」と言ったところで意味がありません。いかに宿泊してくれたお客様に自分たちの代わりに語ってもらえるか。いわゆる「映え」スポットがあるだけでは、お客様が語れる余地がなくなってしまうのです。

　そのための素材や解釈の余白をうまく残しながら、**ホテル側が公式で発信するものと、そうでないものを分けながら PR をしていくことが重要と**

**いいます**。当時、Instagram では、完成度の高い写真を使わず、お客様に適切に情報を把握してもらうためのフィード投稿を心がけていました (図4-15)。

　もちろんフォロワー数が増えることも重要ですが、それだけでは限界があると感じていました。**HOTEL SHE, の公式アカウントのフォロワーが 5万人になるよりも、フォロワーが 1,000 人の個人アカウント 50 人にHOTEL SHE, の情報を発信してもらうことを重視しました**。そのためには、お客様が HOTEL SHE, の情報を適切に把握して理解してもらう必要があったのです。

図 4-15　Instagramの投稿

　また、当時は、フィード投稿の 3 分の 1 程度を宿泊者の UGC から素材を借りて運用していました。UGC を公式コンテンツとして採用するとお客様も喜んでくださり、そこからファンになってもらえることも多かったそうです。

## 顧客に媚びないブランドの人格づくり

ファンをつくるための施策は、HOTEL SHE, 単独で行うだけではありません。イベントを通じてさまざまなブランドとのコラボも実施してきました。

たとえば詩人の最果タヒさんや、イラストレーターのたなかみさきさんなど、HOTEL SHE, の層と親和性の高いクリエイターとのコラボや、デニムブランドの「EVERY DENIM (現・itonami)」や「10YC」などのアパレルブランドとも積極的にコラボを行いました。

このように、「みんなでみんなのブランドをつくっていく」という考えのもとに、お付き合いのあるクリエイターやブランドと切磋琢磨しながら世界観を醸成していきました。

## あえて情報を出さないという戦略

その後、2020年初頭ぐらいまでは、お客様からコンテンツを発信してもらえるような体験を提供するという戦略を取っていた HOTEL SHE, 。しかしその後、世の中の動きを鑑みて、方向転換に踏み切ったといいます。

コロナ禍になった時期ぐらいから、世相も相まってホテルの宿泊に関連するコンテンツが SNS でリーチを獲得しやすいコンテンツとして一般に認知され始めたことを実感。Instagram にも新たに「発見タブ」が実装され、インスタグラマーの間でも、とにかくインプレッションを伸ばしてフォロワーを増やしたいと考えるビジネス目的で SNS を始めるユーザーが現れ始めたのです。

つまり、2020年前後を潮目に SNS は、友人と会話をする場から、**いかに多くの人にとって有意義な情報を発信して自身がマネタイズするかという観点で運用する人が増えてきていました。**それに伴って、宿泊したことのないホテルの写真を使用し、ホテルを紹介するアカウントが増えてきた

のです。

　そのようなコンテンツを経由して宿泊したお客様はおそらくホテルの
ファンにならず、瞬間的に消費されて終わってしまうだろう、という危機
感を覚えた龍崎氏。不特定多数のアカウントが紹介しているホテルに意味
があるのだろうか、むしろホテルの価値が棄損されているのではないかと
すら感じたといいます。そんな折に、同社では新たに「香林居」（こうりん
きょ）というホテルを金沢に開業しました。

　開業後にSNSを見ていくと、Instagramで香林居の情報を告知してい
るホテル系のまとめアカウントも散見され、誤った情報が投稿されていた
ら取り下げを依頼するなど厳しく情報を統制し、場合によってはメディア
の取材もお断りをしました。

　オープン時にはHOTEL SHE, のときと同様、インフルエンサーを招待
したものの、「SNSで発信しなくてもいい」と伝え、UGCを依頼するこ
とをやめました。**当時のSNSの世相を鑑みて、あえて露出を絞り、実際
に宿泊をしたお客様の情報しか世の中に出て行かないようにしたのです。**

　また、HOTEL SHE, のときのように、代表の龍崎氏が前面に立ってメ
ディア取材を受けることも控えました。それは、「誰かがやっていること
を応援してもらう」時代は終わったと感じていたからだそう。誰がやって
いるかの情報はなるべく伏せて、ブランドネームだけが世の中に出ていく
ようにしたことで、ファンを生み出すことができたといいます。

　**そこには、みんなが勧めているから、みんなが行っているから行くとい
う体験ではなく、自分が発見したから行ってみるという体験の方が重要だ
と判断したことが背景にあります。**

　SNSでうまくインプレッションを獲得するためのハックよりも友人ど
うしの会話のなかでホテルを紹介してもらえることの方がよっぽど重要だ
と考えました。そのような小手先のハックではつくれない、ブランドの人
格をつくり上げていったのです。

　一見、HOTEL SHE, と香林居では真逆の考えでブランドをつくってい
るような印象を受けますが、「本質は一切変わっていない」と龍崎氏は言

います。それは先述した宿泊してくれた人に、余白を残して「再編集」してもらえる体験です。

時代によってSNSの活用の仕方は変わってきていますが、ブランドの人格をつくるためのPRの本質は「人が人に伝える」こと。いかに、思わず人に話したくなってもらえるか、その人の会話のなかで魅力的に語ってもらえるか、という2つの軸が本質です。そこには、自分たちが魅力を語ったところで伝わるものではないという信念があります。

常に人の言葉を借りて自分たちのブランドのよさを伝えるにはどうすればよいか、その体験を設計することが不可欠と考えています。

## ホテル自体が街をプレゼンする

龍崎氏は常に、ホテルは街、人、文化を媒介するメディアであると語っています。そのために、ホテルで働くスタッフには、なるべく地元の人を採用しているといいます。旅をしたときに、そこで働く人が方言を話していることそのものも宿泊体験になるからです。

ホテルは街から独立した存在ではなく、街の空気感と働いている人の空気感がマッチしていることが重要という考えです。そこには、ホテルそのものが街をプレゼンするべきという考えが背景にあります。

だからといって、安易にその街の出身の作家の作品をホテルに置けばいいというわけではありません。また、地産地消をとにかくやればいいということでもありません。

感じている街の空気感をどのように宿泊体験に織り交ぜていくか。実際にホテルの体験を設計する際は、断片的にその要素を切り貼りしてコラージュするのではなく、**いかに異質なものをマッシュアップすることで街の空気感が引き立つかということを意識しています。**

HOTEL SHE, OSAKAのある弁天町はもともと昭和を真空パックしたような雰囲気と、人の艶っぽさがある街です。たとえばスーパーで自然と会話が生まれるような、人と人の距離感が少し近い街。そのような温度感

をどう表現するかと思考を巡らすなかで生まれてきたのが、ホテルの部屋にレコードプレーヤーを置く発想でした。

　レコードは、忘れ去られかけている工業製品です。そのようなレコードのノイズのある温かい音、アナログな体験を含めて、弁天町らしさを体現できるとよいと考えたのです。**このように直接的に何かを結びつけるというよりも、街の空気感から少し異質なものを組み合わせることで、それが表象しているものを通して街の空気感とつながる体験を設計してきました。**

## 水星の価値の伝えかた

　水星の価値の伝えかたを整理すると、図 4-16 のようにまとめることができます。

図 4-16　水星の価値の伝えかた

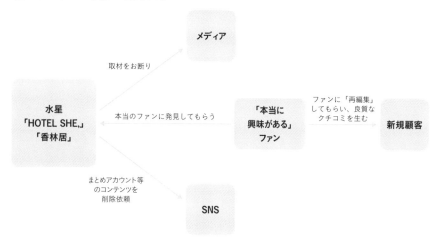

　水星の価値の伝え方は少し独特です。あえて情報を限定することによって、「本当に興味がある」ファンに発見してもらい、ファンから情報を再編集してもらうことによって、良質なクチコミを生み出す構造になってい

ます。

　本当に届けたい人に届けたい情報が伝わるように、時には正しい情報が掲載されていないメディアへの掲載をお断りしたり、SNSで誤った情報を発信しているアカウントへの削除依頼したりとを徹底もしています。

　このように、やみくもに露出を増やしていくのではなく、場合によっては世の中に出ていく情報を引き算しながら、自分たちの本当の魅力に気づいてもらえるような伝え方をしているのです。

**龍崎 翔子**（りゅうざき・しょうこ）

2015年に株式会社水星（旧社名：L&G GLOBAL BUSINESS, Inc.）を設立後、2016年に「HOTEL SHE, KYOTO」、2017年に「HOTEL SHE, OSAKA」、2021年に「香林居」、2022年5月に産後ケアリゾート「CAFUNE」を開業。そのほか、ホテルの自社予約SaaS「CHILLNN」の開発・運営や、観光事業者や自治体のためのコンサルティングも行う。著書に『クリエイティブジャンプ　世界を3ミリ面白くする仕事術』（文藝春秋）。

https://suisei-inc.com/

# 4-6 プランナーによる顔の見えるサービス体験

親戚のような存在としてお子さんの成長を見守る

| 企業情報 | 2015年設立。1人ひとりに合った知育おもちゃが届くサブスクリプションサービス。0歳3か月〜満6歳のお子さんの成長に合わせて、知育のプロがパーソナルおもちゃプランを作成し、最適な知育おもちゃをお届け・交換している |
| --- | --- |
| ビジネスモデル | サブスクリプションサービス |
| ファーストフォロワー | 子供の発育状況を共有し、サービスにフィードバックをくれる顧客 |

図4-17 1人ひとりに合ったおもちゃが届く

　「トイサブ！」は、0歳3ヶ月から満6歳までのお子さんを対象に、世界中から集められた1,800種類以上の知育おもちゃのなかから、知育のプロであるおもちゃプランナーが発達・興味関心に合わせて、完全個別に選定した知育おもちゃを届けるサブスクリプションサービスです（図4-17）。

顧客それぞれに対して、おもちゃプランナーが最適なおもちゃとコメントを掲載して発送します。家族にとっての「遠い親戚」のように、お子さんの成長を見守る存在としてサービスの価値を提供しています。

## 子供の行動を徹底的に観察

　2015年のサービス開始当初はサービスの申込を受け付けるwebサイトがあるだけで、1人目のお客様から注文があるまで約1ヶ月かかりました。

　その後、お客様が20人ぐらいになったときに、注文をくれるお客様に対して創業者の志田氏自身がカスタマーサポートとしてお客様1人ひとりと会話をしていきます。お客様がトイサブ！をどのように知ったのか、どのあたりをよいと思ってもらえたのか、利用していてよくないと感じた点はあるか、トイサブ！のサービス体験について1人ずつ洗いざらいヒアリングしていきました。

　ヒアリングの方法は、お客様から届くメールでのやりとりに留まらず、直接電話をしたり、場合によっては自宅まで訪問したりすることもありました。そういったなかで、トイサブ！のことを支援してくれるファーストフォロワーと出会っていったのです。

## ヒアリングでわかった要望

　初期ユーザーの一部には、サービスを利用してくれるだけのお客様とは別に、「もっとこうすべき」「こうなってほしい」と積極的に要望を伝えてくれるお客様がいました。

　なかには、トイサブ！から送られてくるおもちゃに同梱された説明書きが見にくいという声もありました。当時は商品の説明といってもWordで同梱した商品のリストが記載されている簡素なもので、おもちゃの使い方なども書いていなければ、それを見て特にサービス体験が高まるものでもありませんでした。今では、トイサブ！に所属する専門のおもちゃプラン

ナーがどのようにおもちゃを選定したかや、同梱されたおもちゃの遊び方などが書かれたシートがお客様個別に送られています。

サービス開始当初は、お客様がどのような人なのかをウォッチしていたといいます。なかでも大きなヒントを得たのはお客様の自宅訪問で、**家の中にどのようなものがあるか、お子さんに対してどのような考えを持っているかを聞いていきました。**すると、トイサブ！を支持しているユーザーの特徴として、LOHACOやOisixなど、生活が便利になるオンラインサービスを積極的に使っている家庭が多いということがわかってきました。今でこそ当たり前に利用されているAmazonなども、当時はそこまで普及していなかった時期。その時期に自分たちの生活を便利にするサービスを積極的に使っているのが傾向として見えてきたといいます。

他にも、マンションのリビングにお子さんのスペースがあり、お子さんの服やおもちゃがどのように収納されているかを見たところ、家の中でもそれぞれのモノを片付ける場所が決まっていて、家の中が理路整然と整っている家が多いという傾向も見えてきました。

それだけでなく、お子さん自身がトイサブ！のおもちゃで遊んでいる姿も観察します。トイサブ！では、当初お子さんの誕生日のデータのみを取得していました。そのため、お送りしたおもちゃで本当に遊んでくれているかどうか、また関心を持ってくれているのかを1人ひとり丁寧に観察していきながら、サービスのヒントをつかんでいきました。1歳半ぐらいの月齢になると、お子さんの行動を直接観察することで、お子さん自身がそのおもちゃに関心を持って遊んでくれているかがわかってくるといいます。

## ■ 個性に合わせたマッチング

おもちゃは「完成形」のおもちゃと「未完成形」のおもちゃに分類されます。LEGOように自分で自由に組み立てていくのは、未完成形のおもちゃ。一方、遊び方がある程度定まっているのが完成形のおもちゃです。

トイサブ！ではおよそ8〜9割が完成形のおもちゃのため、遊び方に沿って、パズルをはめたり、ボタンを押そうとしたりするかどうか、お子さんの行動を細かく見ていくことで関心の有無も見えてくるのです。

また、**同時にトイサブ！のラインナップにこれから入れようとしているおもちゃもその場でお子さんに渡して、反応を見ていました。その際、送ったおもちゃを渡すときに親御さんがお子さんにどのように声をかけているか、といったことまで細かく観察するようにしました。**

それらの観察をもとに、お子さんの個性に合わせたおもちゃのマッチングのパターンに生かしていきます。今ではトイサブ！に所属する専門のおもちゃプランナーがお子さんの成長に合わせておもちゃをセレクトするヒントとして生かされています。

お子さんができることは、実は月齢では明確に分類することはできません。そのタイミングによってできること、関心のあること、やろうとすることはそれぞれ異なってくるといいます。

月齢をある程度の基準にしながら、成長によってお子さん自身に紐づくトピックは6〜7パターンに分けられます。トイサブ！ではこれらの観察経験から得られたお子さんのパターンと、臨床心理学の専門知識をベースにしながら、お子さんの関心が高まるおもちゃを選定することでサービスの核となる価値をつくり上げているのです。

## 既存顧客を軸としたサービスの拡充

トイサブ！では、何か施策を実行する際に、それまでインタビューを受けてくれた人へ意見を聞くことが少なくありません。ここでも、サービス開始からビジネスの規模を拡大し続ける過程で、ファーストフォロワーからさまざまな気づきを得ています。

たとえば、お子さんとセレクトしたおもちゃに合わせておもちゃの説明などが書かれたシートを同梱していますが、「何に基づいておもちゃを選んでいるかわからない」という意見が寄せられました。裏返すと、なぜ自

分の子供にそのおもちゃを選んでくれたのか、背景や理由を知りたいという気持ちがあったのだと考えられます。そこで、**前回送ったおもちゃに対する評価をアンケートで取得し、それらの情報をもとに、次回そのお子さんにマッチするおもちゃを類推する際の意見として活用するようにしました**。加えて、同梱するシートにはおもちゃプランナーからのコメントも掲載。発送するおもちゃをセレクトした背景などを伝えられるようにしました。

また、Instagram に投稿される UGC にも同様のコメントが現れるようになり、お客様自身も自宅に届くおもちゃの背景にある理由を実感したいという気持ちがあったのだと気づきました。そこから、おもちゃプランナーからのコメントもより詳細な内容をお手紙のように書くようになっていきました。結果的にこれらの施策が顧客満足度につながっているという実感もあるといいます。

サービスの成長段階においては、100〜1,000 人ぐらいの規模で積極的にファーストフォロワーの価値を探りにいき、1,000 人規模の段階でそれらの価値を新規の顧客へ提供するということを行っています。現在のサービスのしくみはおおよそ顧客が 1,000 人に到達するまでに顧客から得たヒントで成り立っています。

サービスの改善のスピードは初期段階が最も早く、その後徐々に完成形に近づいていきます。そのため、最初にサービスの価値を徹底的に研ぎ澄ませておくことが重要になるのです。

## どのお客様にも均一なサービスを

サービスが一定の規模に成長してからは、なるべくどのお客様にも均一にサービスを提供できるように改善をしてきています。たとえば、おもちゃという性質上、パーツがなくなってしまうというのはよくあることです。以前はこれらのケースの場合、紛失したパーツ代をお客様に 1 つひとつ請求していました。

しかし、紛失したご家庭に連絡をし、家の中のソファやカーペットの間を探してもらったうえで、さらに費用ももらうということになり、お客様にとってはあまりよい体験にはなっていませんでした。現在はそれらの体験を改善し、安心して利用してもらえるように、万が一おもちゃのパーツを紛失してしまっても費用は発生しないようなサービスになっています。

　このように**サービスの拡大においては、一定の型をつくっていくということが重要になります**。その際の判断軸はやはりこれまでトイサブ！を支えてくれたお客様。サービスを効率化しながら、顧客の負荷が下がるように改善をしていくことが重要になりますが、あくまで既存のお客様にとってネガティブな体験にならないような意思決定を重視しています。

## トイサブ！の「人格」をどうつくるか

　トイサブ！では、ただのおもちゃ定期便にならないように、なるべく「人格」を伴ったコミュニケーションを重視しています。サービス開始当初は、お客様に送るメールも「こんにちは。志田です。」と、創業者である志田氏の名前を名乗る文面から始まっていました。

　最初は特に意図していたわけではないそうですが、カスタマーサポート担当が志田氏しかおらず、会社と代表の人格が一緒になっていたという背景もありました。また、お客様に電話をかけるのも志田氏自身で行っていたため、自然と街の商店のような存在になっていったといいます。まるで遠い親戚からメールが来るような、そんな存在を意識していました。

　トイサブ！について、「遠い親戚のような存在」というのは志田氏本人もメディアで語っていますが、これはファーストフォロワーとの会話から生まれている感覚といいます。

　よくお客様から「トイサブ！さん」と呼ばれる経験があったそう。「トイサブ！さんが選んでくれたおもちゃでうちの子がこんなこともできるようになりました」と、まるで親戚に話すような声をよく受け取っていました。

そこで、トイサブ！がサービスを提供しているのは誰なのかを考えました。トイサブ！が提供するお客様は家族。トイサブ！がその家族の一員になれるかというとそうではありません。家族に直接介入するのではなく、家族という社会の最小構成単位のひとつ外にいるのがまわりの親戚だと考えたときに、その役割を担うことこそトイサブ！が果たすべきなのではないかと気づいていきました。

　トイサブ！が父親や母親の代わりになることはできません。しかし、親が「うちの子ってこういうことができるんだ！」という発見を提供することができるのはトイサブ！ならではなのかもしれない。その体験をサポートするのが、自分たちに対して払ってもらっている費用への対価なのではないかという考えにいきつきました。

　また、これらの価値を社内でフィードバックするしくみも整っています。トイサブ！の契約者には2ヶ月に1度、届いたおもちゃを更新するか返却するかを回答するフォームが送られてきます。そのフォームに感想が返ってきたり、おもちゃが返却される際に、お子さんの写真が入っていたりすることも少なくありません。

　長く契約してくれているお客様などはお子さんの成長の様子が実感できます。トイサブ！を始めた頃は床にごろんと寝ていた子が、そのうち座って、つかまり立ちができるようになり、気づいたら歩いているといった成長を見ることができるのです。

　これらの写真は、お客様からの感謝のメッセージと共に、自分の子供にベストなものを届けてほしいという期待と受け取っています。このような**お客様からの反応は、都度社内のSlackでも共有されており、感謝の言葉やフィードバックは常に社員に届くようにしています。**

## ■ サービスの人格と型化のバランス

　今のトイサブ！は、感覚としてはサービス開始当初の個人商店ではなくショッピングモール、八百屋さんではなくスーパーぐらいの規模になって

いると志田氏は語ります。そうなっても八百屋さんのときのような雰囲気と、遠い親戚としての存在感をどう出せるかが重要です。

**スーパーは商品を目当てに行きますが、八百屋さんはその店の人に会いにいく感覚があるように、ウェットな要素を残したままサービスをどこまで拡張できるか。世の中にモノがあふれているからこそ、モノを介しているサブスクリプションサービスの大きな軸になると考えています。**

あるときお客様に「私はトイサブ！に契約をしにきている。『契約』をするのと『買う』のとは違う」といわれたことがあるといいます。「契約」という言葉が日常的に出てくるかというとそうではありません。でも買い物は毎日している人がほとんどです。そもそも「契約」するという行為が年に数回しか生まれないなかで、わざわざトイサブ！を選んでもらっているのです。それがいかに重い意思決定かというのを実感したエピソードでした。

お客様がわざわざ契約するのは、モノとしくみだけでは限界があるのではないか。そのなかでも**トイサブ！というサービスを選んでもらうには、「トイサブ！さん」という人格をつくっていかなければならないと考えるようになっていきました。**

その結果、トイサブ！は「ありがとう」といわれるようなサービスになりたい。そんな思いが志田氏にはあります。そのため、サービスの規模を拡大しながら、トイサブ！らしいウェットなコミュニケーションをどこまで残せるかが課題です。

おもちゃを届けるサブスクは増えています。そのなかで、ただ単にお子さんの月齢に合わせたおもちゃ定期配送のパッケージになってしまうと、トイサブ！らしさは失われてしまいます。そこに個別最適な要素が入ってこそトイサブ！らしさが生まれるのです。

サービスの規模を拡大しながら、ウェットなコミュニケーションをどこまでできるか。そのためのシステムやオペレーションをどうつくっていくかが今後のチャレンジです。

ウェットなコミュニケーションを残しながら規模をどこまで拡大できる

か、志田氏は再びカスタマーサポートの担当を一部自身で担うことにする予定と話されていました。

　トイサブ！らしいサービスを続けるために、お客様の現場で何が起きているか、自分自身で直接見続けるそうです。


## ■ トイサブ！の価値の伝えかた

　トイサブ！の価値の伝えかたを整理すると、図4-18のようにまとめることができます。

図4-18　トイサブ！の価値の伝えかた

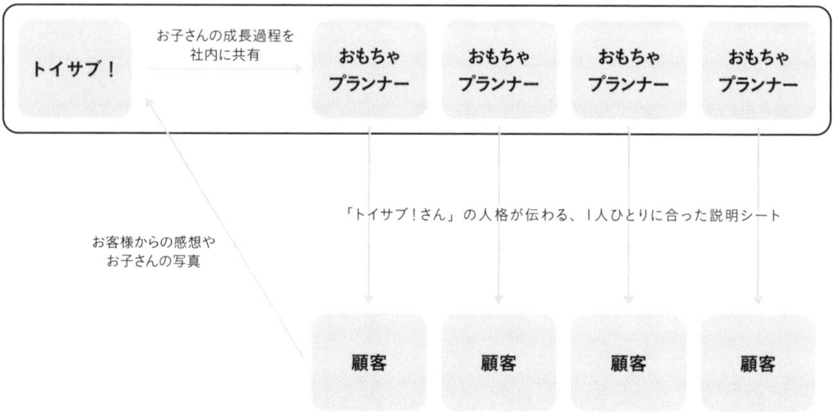

　トイサブ！がトイサブ！らしい価値を伝えていくためには、1人ひとりの顧客に対して「トイサブ！さん」という人格が伝わることが重要です。サービスの規模を拡大しながら、トイサブ！らしいウェットなコミュニケーションを届けていくために、システムやオペレーションを構築しながら、おもちゃプランナーとして、1人のお子さんの成長を見守ってくれる存在でいられるように、サービス体験を工夫しています。

　その価値を伝えることがトイサブ！にとって最も重要だと気づかせてくれたのが、顧客が1,000人前後になる過程で会話を交わしたファースト

フォロワーの存在だったのです。

**志田 典道**（しだ・のりみつ）

1983年生まれ、東京都出身、4児の父。明治大学法学部在学中に友人とWeb制作会社を創業。事業譲渡後、複数の外資系IT企業でエンジニア、プロダクトマネージャ等の事業経験。2015年、玩具のサブスクリプションサービスを展開する株式会社トラーナを設立。

https://toysub.net/

## 4-7 密着プレーで ファーストフォロワーを 伝道師に

### 地ビールブームの終焉とファンとの交流の始まり

| 企業情報 | 1996年設立。画一的な味しかなかった日本のビール市場にバラエティを提供し、新たなビール文化を創出するクラフトビールメーカー |
|---|---|
| ビジネスモデル | EC・サブスクリプションサービス・流通販売 |
| ファーストフォロワー | ヤッホーブルーイングの"仲間"として新たなファンを連れてきてくれる顧客 |

図4-19 さまざまなクラフトビール

　1990年代後半、ビール業界の規制緩和によって日本各地に小規模のビール醸造メーカーが誕生し、各地でさまざまなビールが醸造されていきました。しかし、メディアを中心に小規模なメーカーのビールがなぜか「地

ビール」として扱われ、観光地で飲むものという捉えられ方で大流行していきました。もともと、ヤッホーブルーイングでは個性あふれるクラフトビール（図4-19）を目指していたにもかかわらず、メディアの影響で「観光地で飲まれる珍しいビール」として同一視され、消費されていったのです。

やがて地ビールブームが去ると売り上げは大きく減少しました。つくったビールを全部廃棄する日々だったといいます。そこで、当時 EC の責任者で「てんちょ」の愛称で親しまれている現社長の井手氏が、開店休業状態だった楽天のショップをテコ入れ。そこからヤッホーブルーイングの快進撃が始まります。

当時、「英国古酒」という名前で販売していた1本3,000円の長期熟成のビールを販売したところ数日間で完売。**その後も「夫婦幸せ50年セット」などの奇抜な企画に加え、井手氏にしか書けない個性豊かなメルマガの効果で、ビール好きを中心にファンが少しずつ増えていきました。**ヤッホーブルーイングでは、メルマガにファンから返信があることも稀ではありません。

このあたりのエピソードはヤッホーブルーイングの井手氏、佐藤氏による次の2冊でより詳しく紹介されています。ぜひ読んでみてください。

『ぷしゅ よなよなエールがお世話になります』井手直行著（2016年、東洋経済新報社）

『18年連続増収を導いた ヤッホーとファンたちとの全仕事』佐藤潤著（2021年、日経BP）

## 密着プレーでファンと仲間になる

楽天での実績を残していった結果、ヤッホーブルーイングは2008年に「楽天ショップ・オブ・ザ・イヤー2007」を受賞。ネットを通じたファンづくりには一定の手応えを感じていました。

一方で、「よなよなエール」を飲み続けてくれているファンに対して、もっとリピートしてもらえるような取り組みをすると同時に、事業をさらに成長させていくためには、新規の顧客を獲得することも重要です。限られた経営資源のなかで、どのような施策に注力すべきかを悩んでいました。

　そこで、まずはファンの方がなぜヤッホーブルーイングを好きでいてくださっているか、インタビュー調査を実施したところ、次のような声がこぼれてきたといいます。

「よなよなエールを飲むと、ほっとする、本来の自分に戻ったような気持ちになる」

「子供の頃に憧れた、なりたかった自分になれたような気がする」

「ニッチな製品（よなよなエール）を見つけた自分が何だか誇らしい」

「よなよなエール好きな人を見つけるととってもうれしい。仲間のような気がする」

出典：『18年連続増収を導いた ヤッホーとファンたちとの全仕事』

　ヤッホーブルーイングでは、ファンから届いたこれらの声を「理想像の実現」「癒される」「自己実現」「共感する」「仲間をつくる」という５つのベネフィットとして分類。よなよなエールの魅力は、味や香りなどの品質のよさはもちろんのこと、よなよなエールがあると楽しく幸せな生活が送れるという点も評価されていることがわかりました。

## ■ ベネフィットを伝える手段

　これらのベネフィットを伝えていく手段として、ファンイベントを企画。「知る・学ぶ」「交流」「共創」という３つの視点から、上記のベネフィットが伝わるための体験を提供するようにしています。

「知る・学ぶ」については、ファンの皆さんの「もっと詳しく知りたい」

というニーズに応えるために「よなよなエール 大人の醸造所見学ツアー」を企画。長野県の醸造所まで足を運んでくれるファンによなよなエールをつくっている現場をさまざまな部署の社員が自ら案内します。2010年に始まった醸造所見学には今や累計1万人以上のファンが参加し、なかにはリピートするファンもいるほどです。

「交流」については、「宴」というファンイベントを企画。はじめは都内のビアパブを中心にファンに集まってもらうイベントでしたが、2013年に公式ビアレストラン「YONA YONA BEER WORKS 赤坂店」が開店した後は、定期的に赤坂で繰り返しイベントを実施。宴を通じて出会ったファンの数は累計2万人にも及ぶといいます。

宴も醸造所見学と同様、リピートで参加してくれるファンがいます。**そのファンがかなりの頻度で新しい友人や知人を連れてきてくれることによって、少しずつファンの輪が広がっていきました。**

## 広がるファンとスタッフの関係性

この交流はファンどうしだけでなく、ファンとスタッフとの交流も重要なポイントです。醸造所見学と同様、宴もスタッフ自身が企画します。ヤッホーブルーイングの製品を誰よりも愛しているスタッフが直接交流することによってファンとの絆が生まれていくのです。

宴にリピート参加したファンが新たなファンをスタッフに紹介。また新たに入社したスタッフがいたら、スタッフがファンを紹介するということを繰り返し、スタッフとファンの輪も広がっていきました。

まだクラフトビールの市場自体がビール市場全体の約1%程度と小さいため、ファンにとってのサードプレイスのようになっていたのではないかと佐藤氏はいいます。日常でクラフトビール好きに会える機会はそこまで多くなく、クラフトビールについて会話をする機会も多くはありません。そのため、クラフトビールを好きな方に受け入れられたといえます。

また、重要なのはファンの皆さんと会話をするだけでなく、イベントの

なかで「日本にバラエティあふれる楽しいビール文化をつくり、ファンの皆さんにささやかな幸せをお届けしたい」というヤッホーブルーイングの思い、つまり「ビールに味を！人生に幸せを！」というミッションをしっかり伝えていることです。

それによって、**単なるおもてなしのイベントではなく、自分たちと共通の思いを持った仲間をつくっていくプロセスが出来上がっているのです。**佐藤氏はその広がりこそ、ヤッホーブルーイングが成長するエンジンになると実感。2016 年にはファンにとことん向き合うための部署「FUN ×FAN 団」を設立し、ファンとの交流をさらに加速させていきました。

## ファンと未来をつくる

お客様との「価値共創」についてもさまざまな取り組みを行っています。その名の通り、ビールをお客様と一緒につくったこともあります。通販のお客様に対して Web アンケートを実施し、どのようなビールをつくってみたいかアンケート調査をしました。IPA・黒ビール・和という 3 つのテーマをもとに、少量のタンクで製造し、実際に公式ビアレストランである「YONA YONA BEER WORKS」や各地のビアパブで提供していました。

また、通販のお客様を招待して、ブルワーがこだわりのポイントを解説。お客様にティスティングしていただき、実際に通販限定で販売するということも実施しました。

また、製品に留まらず、ヤッホーブルーイングの新しいサービスについて、ファンと共にアイデアを出しあうイベントを実施したこともあります。それが共創という視点での「よなよなこれから会議」。よなよなエールのこれからの未来について、ファンと真剣に考えるというイベントです。

そのイベントの告知文は次の通りです。

みんなでビール文化の「これから」を考える会議、その名も「よなよな
これから会議」。

　「よなよなこれから会議」とは、ファンのみなさまとヤッホーのスタッ
フが一緒に日本のビール文化、そしてよなよなエールの「これから」につ
いて真剣に話し合う会議です。

　「日本のビール文化はどうあるべきなのか？」
　「どうすればそれを実現できるのか？」
　「そのために私たちに何ができるのか？」

　これらのことを一緒に考えたいと思っています。

　私たちの想いを、夢を聞いてほしい。
　そして、バラエティーに富んだ日本のビール文化を創るために、私たち
スタッフだけが考えるのではなく、ファンのみなさまと一緒に何ができる
のか真剣に話し合いたい。ファンのみなさまの想いを、夢をお聞きした
い。
　そのような気持ちから生まれた企画です。

出典：『18年連続増収を導いた ヤッホーとファンたちとの全仕事』

　「よなよなこれから会議」では参加したファンに対して、自社の中期経
営計画を共有し、現在の業績や具体的な売上目標まで公開しています。課
題を赤裸々に伝えたうえで、ファンの人たちと一緒に日本のビール文化と
よなよなエールの未来について、アイデアを交わすのです。**このようにさ
まざまな視点からの密着プレーを通して、ファンは共に価値を生み出して
いく仲間となっていきます。**
　このようなファンイベントは、実はヤッホーブルーイングが主催する公
式イベントだけに留まりません。ファンによるファンのためのイベント

「ファン宴」というイベントが実施されたこともありました。一時休止していた小規模イベントを、ファンの方々が自分たちで企画・開催してみようという背景から、1人のファンからアイデアが生まれ、25人のファン（＝ファーストフォロワー）によって実現された、ファン主催の企画でした。

公式が開催できないなら自分たちがファンイベントを企画・開催しようと「ファン宴盛り上げ隊」というプロジェクトが発足。普段別々の仕事をしているファンの皆さんが、仕事が終わってから企画会議を開き、準備を進めました。そして、ファンによるファンイベントにヤッホーブルーイングのファンと社員を招待。ファンがスタッフに「いつも美味しいビールをつくってくれていること」「ファンを楽しませてくれていること」などの感謝を伝えるという、通常はありえない現象が生まれています。

## ■ ファンの声を身近に感じるしくみ

ヤッホーブルーイングには、これらのイベントだけでなく常にお客様の声を身近に感じられるしくみが多く存在します。たとえばカスタマーサポートを担当している「おもいやり隊」は、お客様のお問い合わせに対応するだけでなく、SNSで発生するUGCにも対応しています。そこから生まれた企画も少なくありません。

一例として、ヤッホーブルーイングのなかでも人気の商品「僕ビール君ビール」のプロモーション企画は、店舗でビールを見つけた方に「かえる捕獲大作戦」と銘打って「＃かえるビール」というハッシュタグをつけてビールを捕獲してもらうというもの。この企画は、もともとSNSで「水曜日のネコ」という製品が、「水曜日のネコを捕獲したよ」という投稿が多く発生していたことをヒントに企画されたものでした。

他にも、ヤッホーブルーイングの定期配送サービスのお客様のなかで、「この度妊娠をしたので定期配送を終了したい」という声が届いていたことから、お子様が卒乳したタイミングを「隠れ節目」と題し、さまざまなタイミングでビールの解禁をお祝いする企画が生まれました（図4-20）。

図 4-20　隠れ節目祝い

　これらのおもいやり隊に届くさまざまな声は、社内でも定期的に共有されています。社内のチャットに「Fantter」というチャットルームが存在し、お客様から受け取った嬉しいお言葉をはじめ、さまざまな声を常に共有し、カスタマーサポートの部署に限らず、全社でお客様の声に直接触れる機会をつくっているのです。

　このように、**醸造所見学や宴など直接ファンと対話をすることができる場に加え、カスタマーサポートに届く声、SNS でのクチコミなどをオープンに部署横断で把握することで、具体的なファンの姿を想像することができるといいます。**

　「スタッフがイベントに参加すれば、お客様への感度も高くなって、より具体的にイメージできるようになります。お客様は決して怖い存在ではありません。好きだといってくれる人の行動は気になるものです。チーム横断でお客様の声を聞くしくみをつくり、その言動を見ているのです」と佐藤氏はいいます。

　ヤッホーブルーイングの代表を務める井手氏は、ただ美味しいビールをつくるだけでは不十分、楽しいビール・幸せなビールを提供しなければならないといいます。それはヤッホーブルーイングがただのビールメーカーであるだけでなく、ビールを中心としたエンターテインメント事業であることの宣言でもあるといえます。

自社のあり方をそのように定義することが、スタッフからスタッフに、ファンからファンに魅力が直接伝わりながら、さまざまな文脈でファンを生み出す軸となっているのです。

## ■ ヤッホーブルーイングの価値の伝えかた

　ヤッホーブルーイングの価値の伝えかたを整理すると、図4-21のようにまとめることができます。

図 4-21　ヤッホーブルーイングの価値の伝えかた

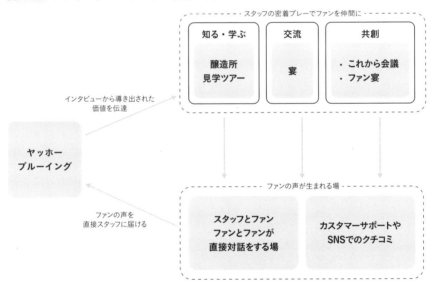

　ヤッホーブルーイングの価値の伝え方として最も独特なのは、**メーカーという業種であるにもかかわらず、その価値を顔が見える「人」を介して伝えることを徹底していることです**。日本にバラエティーあふれる楽しいビール文化を根付かせるために、それぞれのスタッフの個性を生かしながら、その魅力を発信しています。

　ヤッホーブルーイングのスタッフは老若男女問わずニックネームで呼び

合い、ファンに対してもニックネームで呼び合うカルチャーが根付いています。クラフトビールの個性を認め合うフラットなカルチャーに共通するように、それぞれの個性を生かし合うためのチームビルディングにも余念がありません。

　数々のイベントでの密着プレーを通して、ファーストフォロワーと共にカルチャーそのものを共創している取り組みといえます。

**佐藤 潤（さとう・じゅん）**

よなよなピースラボ（CRM/CXデザイン）ユニットディレクター
2012年にヤッホーブルーイングに中途入社。通販部門・プロモーション部門・ファンベースマーケティング部門の部門長を歴任。現在はCRM設計・CXデザインを探求する部門にて、オンライン・オフライン問わないファンとのコミュニケーション施策の企画や運営に携わる。一般社団法人コミュニティマーケティング推進協会フェロー。著書に『ヤッホーとファンたちとの全仕事』（日経BP）。

https://yohobrewing.com/

第 **3** 部

ファースト
フォロワーと
共につくる未来

第 **5** 章

ファースト
フォロワーの
可能性

## 5-1 価値を見つけていく

### 価値を見つける方法

　ここまでのインタビューを経て、各社がファーストフォロワーとどのように価値を見つけ、伝えてきたかを紹介してきました。ここでは、それらの手法をもとに、その要点について整理していきたいと思います。

　まずは、価値を「見つける」手法について整理していきます。第1章で紹介した①行動 → ②文脈 → ③欲求 → ④価値のステップに分けて、各社が具体的にどのような取り組みをしていたかを振り返ります（表5-1）。

| サービス名 | ①行動の把握 | ②文脈の把握 | ③欲求の発見 | ④価値の提案 |
|---|---|---|---|---|
| snaq.me<br>(84ページ) | カスタマーサポートとインタビューによりサービス体験を紐解き、どの瞬間にサービスの価値が高まっているかを分析 | 生活のなかで「おやつ時間」を豊かにしたいと感じている顧客がいることを把握 | 「ボックスが届いたときの開封体験」を楽しみにしていることを発見 | 開封体験がより豊かになるような体験の提案 |
| PostCoffee<br>(96ページ) | UGCを詳細に分析しながら、複数の顧客セグメントでインタビューを実施 | 重要な3つの顧客層において以下の文脈があることを把握<br>1.コーヒーのある生活を重視する<br>2.ロースターにこだわる<br>3.コーヒーに対する知的欲求がある | さまざまなコーヒーの味を試したいという欲求を発見 | コーヒーを毎月3種類3杯分ずつ試せるという体験を提案 |

| サービス名 | ①行動の把握 | ②文脈の把握 | ③欲求の発見 | ④価値の提案 |
|---|---|---|---|---|
| ファクトリエ<br>(106ページ) | 「人」と「商品」の2つの軸でファンになる兆しを分析 | 商品の満足度が高く、同じ商品をリピートしている顧客がファンになりやすいことを把握 | よいものを長く使い続けたいという欲求を発見 | 商品開発の前段階で商品を徹底的に検証し、絶対に欲しいと思ってもらえる製品を提案 |
| objcts.io<br>(117ページ) | ドローンバッグの開発にあたり、実在する1人の想定顧客に対して商品をテストしながら検証 | 既存のドローンバッグはいかにも撮影にいくようなスタイルで、普段の服装とマッチしないことに悩みがあることを把握 | 機能性と審美性が同居したバッグを持ち歩きたいという欲求を発見 | デバイスを美しく持ち歩くというコンセプトの提案 |
| ポケット<br>マルシェ<br>(127ページ) | 全国に足を運んで生産者と対話をしながら、生産者の課題を把握 | 消費者のフィードバックから生産者の「売る力」が育まれていることを把握 | 生産者が見えることで、消費者が応援したくなるという欲求を発見 | 生産者が自身で魅力を伝えられる舞台を提案 |
| わざわざ<br>(137ページ) | 長く利用している顧客へのインタビューや座談会で健康意識がどう高まったかを把握 | 「健康」の必要性を喚起するだけでは「ふつうの人」には情報が届きづらい | 「美味しい」「楽しい」「面白い」という切り口で生活習慣が少しずつ改善されることで、後々その重要性に気づくことを発見 | 商品を通して「それぞれのふつう」を提案 |

表 5-1　第3章で登場した各社の取り組み

## 行動と文脈を把握するための要点

サービスの価値を見定めるための第一歩は、**ファーストフォロワーの行動を丁寧に観察して、その背景にある文脈を把握していくことです**。当然といえば当然ともいえますが、今回インタビューを行った6社全てが顧客の声に直接耳を傾け、ファーストフォロワーとの対話をきっかけとして

価値を定めるプロセスを設計していました。

　その大まかな手法としては図 5-1 のように整理することができます。

図 5-1　価値を定めるための手法

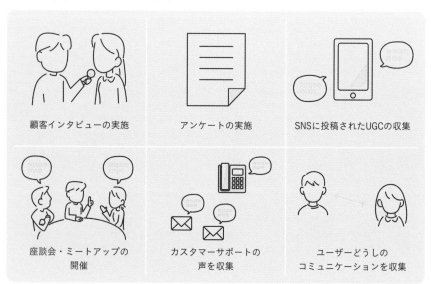

　このようにファーストフォロワーの行動と文脈を捉えるさまざまな手法を使うなかで、行動と文脈をどのように捉えるかが重要になります。各社の取材とこれまでの私の経験から、次の要点を押さえることが重要だと考えます。

**・時系列で捉える**

　まず、ファーストフォロワーといえど、あなたの製品・サービスのことを四六時中考えている人はごく稀です。そのため、これまでの事例にもあるように、ファーストフォロワーの生活のなかで、その製品・サービスがどのような体験をつくれているかを顧客視点で把握する必要があります。

　具体的には、製品・サービスと出会ってから現在までにどのような体験があったのかを**時系列に即して捉えることが重要です**。これは実際にイン

タビューをする際に顧客と製品・サービスとの関係性を年表で振り返ることができるようにするなど、顧客が自身の経験を振り返りやすくするための補助線を用意することも有効になるでしょう。私も顧客インタビューを実施する際は、製品・サービスと出会ってから現在までを年表にしてもらい、その年表に沿ってどのような接点で、何が起きていたのかを調査しています。

ここで重要なのが、製品・サービスとの接点だけでなく、そのファーストフォロワーの生活が普段どのようなものなのか、彼らのライフスタイルが浮き彫りになるように整理することがポイントになります。そうすることで顧客の背景にある文脈をより正確に把握することが可能です。

## ・特異な点を把握する

2つ目に、顧客と製品・サービスが紡ぐ体験のなかで、特に熱量が高まった体験、あるいは反対に決定的にネガティブな体験を探ります。これらは先述の時系列のなかで整理することも可能ですし、SNSでのクチコミやカスタマーサポートに届く声からもヒントを得られることがあります。もしくは自社で独自にユーザーデータを取得している場合は、そのデータからもヒントを得ることができるでしょう。

この特異点を発見するポイントが価値の発見に直結するため、非常に重要なプロセスになります。この特異点は、ひとつは顧客自身の一連の体験における特異点と、他の顧客と比較した際の特異点の2つの視点があります。

いずれの特異点も何か異質であればよいということではありません。発見するコツは、「そのサービスの中核となる体験と直結しているか」です。

たとえば、snaq.me では毎月届くおやつのボックスを重ねて、ランダムにおやつを楽しむというユーザーの特異点を発見しました（87ページ）。これは、どんなおやつが届くかわからないワクワク感という snaq.me が顧客に提案しているサービス体験と直結しています。また、PostCoffee の場合は、好みではないコーヒー豆を他の人にあげていました（100ページ）。

その行動から、顧客にとって決定的にネガティブな体験を払拭するかたちで、コーヒー豆を３種類ずつ試すというサービスを開発することにし、それを逆手に取ってさまざまなコーヒーを毎月少しずつ試せるサービスに昇華させました。

　このように、特異点の発見は顧客の変わった行動をむやみに見るのではなく、サービスが提案しようとしている価値と直結した体験にこそ着目する必要があります。


### ・サービスがどんな存在かを見定める

　最後に、その製品・サービスが顧客にとってどのような存在かを見定めるポイントです。ファーストフォロワーはそのサービスを率先して体験し、好意を抱きながら購入・利用してくれているファンです。

　第２章でも解説した通り、ファンに対して**「あなたにとって○○（ブランド名）はどのような存在ですか」という問いに答えてもらうことによって、顧客がその製品・サービスを生活のなかでどのように意味付けしているかを発見することが可能になります。**

　このような問いを投げかけることは、製品・サービスの存在意義そのものを問うことになります。顧客がその製品・サービスの価値を的確に言語化できなくても、自身の生活や人生にとってどんな存在かを表現してもらうことによって、サービスの価値がどこにあるのかを発見する手がかりとなるのです。

　また、その存在意義として表現される言葉は、**顧客の過去のサービス体験と明確に紐づいていることが少なくありません**。顧客が１人のファンになる瞬間、それはその人にとって明確な個別の経験が伴っています。その経験と存在意義がどのように紐づいているかを見定めていくことで、サービスの価値を見つけていくことが可能になるのです。

　このように、サービスの価値を「見つける」ための手段は、顧客の声に直接耳を傾けるだけでなく、そのプロセスにおいて、上記のような要点を押さえていくことが不可欠です。それによって「行動」と「文脈」をより

精緻に把握することができ、その奥にある「欲求」にたどりつくことでサービスの真の価値を発見するための手がかりとなります。

　以上が、ファーストフォロワーと「共に価値を見つける」方法の要点といえます。手法はさまざまですが、ただそのやり方をトレースするのではなく、その手法のなかにある要点を押さえることによって、価値の発見にたどりつくことが可能になるのです（表5-2）。

| 価値を見つける手法の要点 | |
|---|---|
| 時系列で捉える | 製品・サービスと出会ってから現在までの関係性を時系列に整理。その際、被験者のライフスタイルを踏まえて、どのような文脈で製品・サービスが利用されているのかを押さえることが重要 |
| 特異な点を把握する | 製品・サービスの中核となる体験において、熱量が大きく高まった(もしくは低くなった)体験を整理。一連の体験における特異点と、他の顧客と比較した際の特異点からヒントを得る |
| サービスがどんな存在かを見定める | 「あなたにとって○○（ブランド名)はどのような存在ですか」という問いに対して回答してもらうことにより、被験者がそのブランドにどのような意味づけをしているのかを見定める |

表5-2　価値を見つける方法のまとめ

## 価値を伝える方法

　続いて、第4章で紹介したファーストフォロワーと共に価値を「伝える」方法について、その手法を整理していきます。

　まずは各社の事例から、価値を伝える狙いと伝え方の手法を振り返ってみましょう。各社の取り組みをヒントにそれぞれの手法を分類すると、表5-3の通りになります。

| サービス名 | コミュニケーションの狙い | ファーストフォロワーと対話する方法 | 価値の伝え方 |
|---|---|---|---|
| メルカリ<br>（150ページ） | ・約3,610万人のポテンシャルユーザーの出品の動機付け | ・16名のサロンメンバーをSlackでコミュニティ化<br>・メルカリの情報を独自に編集してサロンメンバーへ公開 | ・サロンメンバー個人のSNSアカウントから出品意向が高まるようなコンテンツを発信 |
| YAMAP<br>（161ページ） | ・YAMAPのユーザー数増加 | ・YAMAPユーザーの生のデータを二次活用したPR施策 | ・ニュースメディアで登山者にとって有用な情報を発信 |
| フィシュル!<br>（173ページ） | ・フィシュル!の市場開拓 | ・フィシュル!とエンゲージメントの高いユーザーへギフティング | ・ギフティングしたユーザー個人のSNSアカウントからコンテンツを発信<br>・ギフティングしたユーザーのクリエイティブを公式に活用して発信 |
| HOTEL SHE,<br>（182ページ） | ・お客様が宿泊体験を「再編集」する | ・メディアやSNSの情報を限定し、お客様が解釈を生み出すことのできる余白をつくる | ・宿泊者の良質でリアルなクチコミ |

| サービス名 | コミュニケーションの狙い | ファーストフォロワーと対話する方法 | 価値の伝え方 |
|---|---|---|---|
| トイサブ！<br>(192ページ) | ・顧客への人格を伴ったコミュニケーション | ・おもちゃプランナーが作成する個別のシート | ・トイサブ！の同梱物でお子様に合わせたコミュニケーション |
| よなよなエール<br>(202ページ) | ・ファンの輪を広げる | ・ファンイベントを通じたファンとの交流 | 社員とファンが直接対話し、ファンがファンを連れてくる |

表5-3　第4章で登場した各社の取り組み

　第1章でも紹介した通り、ファーストフォロワーと共に価値を伝える手法としては、大きく次の3つに分かれます（図5-2）。

図5-2　価値を伝えるための手法

影響力のあるファーストフォロワーを支援する　　ファーストフォロワーと生み出した価値をコンテンツ化する　　ファーストフォロワー1人ひとりに会いにいく

　各社の取り組みを考察しながら、これらの手法の要点を整理します。

## 価値を伝えるための要点

### ・影響力のあるファーストフォロワーを支援する

　これは、メルカリやフィシュルが実践している手法で、少数の影響力のあるファーストフォロワーを起点として情報を広げるやり方です。この手法で最も重要になるのが「影響力」をどう設計するかという点です。「イ

ンフルエンサーに商品を紹介してもらったのに成果につながらなかった」
という声は現場でもよく聞く例です。

　施策の目的をどこに置くか次第ではありますが、純粋な認知を獲得する
だけであれば、フォロワーの多いインフルエンサーをアサインし、商品を
紹介してもらうことで認知自体は獲得できます。しかし、第１章でも解
説したとおり、ファンを生み出すには影響力の「量」だけでなく「質」に
も着目することが不可欠です。サービスの価値を伝え、意識と態度の変容
を促していくためには関与度・好意度の高いファーストフォロワーによる
自発的な発信が欠かせません。

　**影響力の「質」に着目することで、ファーストフォロワーから発信され
る情報に信憑性が担保されるだけでなく、継続的な発信が見込めることも
大きな効果の１つです。**

　また、この手法においてはファーストフォロワーをどのように支援する
かも重要なポイントです。この支援を企業都合で行うのではなく、ファー
ストフォロワーにとってメリットのあるかたちでする必要があります。メ
ルカリではサロンメンバーに価値のある情報を限定的に共有すると共に、
メルカリから公式に認定してもらうということをサロンメンバーのメリッ
トにしています。

　このように**自社のファーストフォロワーが何を求めているのか、どのよ
うなことを実現したいと思っているのかを見定めたうえで、最適な支援の
方法を検討していく必要があります**（図5-3）。

図 5-3　影響力のあるファーストフォロワーを支援する

### ・ファーストフォロワーの行動履歴をコンテンツ化する

この手法は、主にYAMAPの事例がわかりやすいでしょう。YAMAP
の場合は一部のファーストフォロワーだけでなく、多くのユーザーのデー
タを活用した例ですが、それでもYAMAPを積極的に活用しているユー
ザーのデータから価値を伝えていることに変わりはありません。

この手法の要点は、**ユーザーの行動履歴をいかに他のユーザーにとって
価値のある情報に転換するかという点**です。YAMAPは「日本最大の登山
者が歩いた生ログ」というデータ量を強みとして、それらを「日本一道迷
いしやすい登山道」という価値ある情報に転換し、メディアに取り上げて
もらえる情報として発信していました。

また、ヤッホーブルーイングの事例でも紹介した「隠れ節目祝い」も、
お客様から毎年届く「この度妊娠をしたので定期配送を終了したい」とい
う声を受けて、それらの行動履歴から、卒乳したタイミングを「隠れ節
目」とし、授乳を終えたママがビールを再び手にする瞬間をお祝いする施
策としてPRを仕掛けていきました。

これらは、ファーストフォロワー独自の行動履歴を把握できているかど
うかと、それらの行動履歴を転換し、世の中にとって価値のある情報にな
り得るかどうかが大きなポイントです。

そのためにはファーストフォロワーの行動履歴を定性・定量の両面で把
握しておくことが欠かせません。YAMAPにおいてはそれらのデータを自
社アプリのなかで一定規模で保有できていたこと、ヤッホーブルーイング
においては、同社に好意を抱いている顧客だからこそ退会理由を伝えてく
れていたこと、毎年届くカスタマーサポートへの声をただの退会連絡とし
てではなく、そこにお客様を支援できる課題があると発見できたことが大
きなポイントといえるでしょう（図5-4）。

図 5-4　ファーストフォロワーと生み出した価値をコンテンツ化する

### ・ファーストフォロワー1人ひとりに会いにいく

　これは主にヤッホーブルーイングが実践しており、自社の社員が自ら
ファンと直接接して、1人ひとりの顧客との対話を通してファンを増やし
ていくという手法です。直接顧客と対話をすることができるため、ファン
になってもらえる効果は見込めるものの、効率とのトレードオフをどのよ
うに捉えるかが重要になります。

　まず要点として押さえておくべきは、ファーストフォロワーと直接会う
場合、会った顧客だけでなく、会ってくれた顧客がその後どのように自社
のサービスを語ってくれそうかを想定しておく必要があるということで
す。**顧客と会った後の体験を想像しながら、どのように自社のサービスが
ファーストフォロワーの言の葉に乗りそうかを考慮しながら対話を設計す
ることが重要になります。**

　1人ずつファンをつくっていくことは手間もコストもかかりますが、特
にサービスを開始した初期段階で顧客と直接会い、対話をしていくことに
よってそれらのコストを上回る効果を見込むことができます。

　また、ヤッホーブルーイングの場合は、クラフトビールという愛好家が
限られるジャンルだからこそ、クラフトビール好きどうしが出会える希少
な場になっていることがファンにとってのメリットになっています。
YAMAPもファンとのミートアップの場があることで登山のことや
YAMAPのサービスそのものについて、より深く知ることができるという
メリットがあります。

　このように、ファーストフォロワーと直接会いにいくことは、サービス

側のメリットと顧客側のメリットの双方を見定め、その体験で顧客が得た価値が、その他の顧客に伝わっていく設計にすることが大きなポイントになります（図5-5）。

図 5-5　ファーストフォロワー1人ひとりに会いに行く

　以上がファーストフォロワーと「共に価値を伝える」ための方法とその要点になります。ここまで解説してきた通り、ファーストフォロワーはインフルエンサーのように宣伝をするための人ではありません。そうではなく、ファーストフォロワーをサービスの価値を伝えてくれる仲間やパートナーとして捉えることで、彼らの欲求に寄り添ったサービスならではの価値の伝え方が可能になるのです（表5-4）。

| 価値を伝える手法の要点 | |
|---|---|
| 影響力のあるファーストフォロワーを支援する | 影響力の「量」だけでなく「質」に着目。企業とファーストフォロワー双方のメリットが生まれるしくみを構築し、好意度の高いファーストフォロワー自身が自発的に発信を継続できる関係を築く |
| ファーストフォロワーの行動履歴をコンテンツ化する | ファーストフォロワー独自の行動履歴を把握。他のユーザーやメディアにとって価値のある情報に転換することで、広く製品・サービスの魅力を伝える |
| ファーストフォロワー1人ひとりに会いにいく | ファーストフォロワーが企業の担当者と会った後の体験を想定しながらコンテンツを検討。ファーストフォロワーからその他の顧客にも、製品・サービスの魅力が語られることを見込んで対話の場を設計する |

表 5-4　価値を伝える方法のまとめ

## 5-3 ファーストフォロワーと向き合う組織の要件

### 組織に必要な2つの要件

ファーストフォロワーとの接点をつくるにあたっては、どのような組織が理想なのでしょうか。

取材から見えてきた各社の特徴の1つが「顧客の行動や声を直接把握する」ということです。また、これまでの事例からわかるように、組織の意思決定者が自ら顧客の行動や声を把握していた例が多くありました。**調査会社から報告されたレポートなどで間接的に顧客の状況を把握するのではなく、直接顧客と対話をし、彼らの行動や声の背景にある文脈を探っていくことを厭わない**ことが重要といえます。

もう1つの特徴は、**組織が横断的に顧客の行動や声にアクセスできる**ことです。SNSでのクチコミやカスタマーサポートに届く声など、顧客から寄せられる声をSlackなどのツールを活用しながら、随時全社員が「部門横断でアクセスできる環境」で共有をしていたことがあげられます。ファーストフォロワーの顧客像を組織でより解像度高く把握するためには、組織内での情報格差が生まれない工夫というのも重要です。

このように、ファーストフォロワーとの接点を適切につくるための組織の要件として、「顧客の行動や声を直接把握する」ことと、「部門横断でアクセスできる環境」が不可欠といえるでしょう。

### 誰もが顧客と対話できる組織へ

私が企業のファンづくりを支援するなかで、最初の一歩として提案するのが「まずファンに会う」ことです。ファンと直接会うことの重要性はこ

こまでに何度も述べてきましたが、経験則として、事業のフェーズを問わず、ファンと直接会い、対話を交わした経験のある担当者はまだまだ少ないというのが印象です。その要因には、新規顧客の獲得にマーケティング活動の大部分が割かれていることだけではなく、企業担当者が抱くファンに対する一種の恐れのような心情を感じていることがよくあります。

　ファンといえど1人のお客様であることに変わりはありません。そのため、「ファンに失礼なことがあってはならない」「ファンに質問攻めにされたら答えられる自信がない」といった反応もわからなくはありません。普段ファンと接していない企業の担当者であればなおさら、ファンと直接会って話をすることに及び腰になってしまうことは容易に想像ができます。

　しかし、これまで**実際にファンと会った担当者から一番よく聞くのは「勇気が出ました」という声です**。マーケティングに従事する人は、多くの時間をいかに1人でも多くの顧客に振り向いてもらえるかを考えていることがほとんどです。

　そんななかで「あなたの会社が大好きです」「この商品をつくってくれてありがとうございます」といわれれば、担当者にとってこれほど報われる体験はないのではないでしょうか。

　一方、ファンの視点に立って社員との対話の場を振り返ってみると、ファンミートアップのアンケート結果の傾向として「社員の方が自分の商品が好きだという姿勢が伝わって、もっと商品を好きになりました」という感想が多く寄せられています。ファンも商品やサービスの力だけでなく、社員自身の姿勢を見て、さらに好意が増すことがあるのです。

　まずは**担当者自身がファンであり、最も自社のサービスを愛していること。その姿勢こそがファンを生み出すのです。過度に知識を武装しておもてなしをしようとするのではなく、ファンのことをもっと知り、サービスをよりよくしようとする姿勢は、ファンにとっても好意的に受け取られるものです。**

　企業の担当者1人ひとりがファンと対等に対話し、ファンに近い存在

になっていくためには、担当者自身の努力もさることながら、その姿勢や行動を支えるコーポレートカルチャーを育むことが欠かせません。

　私が支援するプロジェクトのなかには、ファンへの施策だけでなく、組織としてファンを生み出すことができるカルチャーをつくりたい、という要望も多く寄せられます。

　企業の規模が大きくなればなるほど、組織カルチャーの浸透は難易度を増します。そのため、ファンを生み出すために、組織を見直すことから始める企業も少なくありません。「本当に大切な顧客は誰か」を明確に定め、その指針を組織カルチャーに継続的に浸透させていくことが組織としてファンを生み出すしくみとして欠かせないのです。

## ファーストフォロワーのクリエイティビティ

　ここまでの内容から、ファーストフォロワーは企業がコントロールできる存在ではないことと同時に、共に価値をつくるパートナーとしてどれだけビジネスに貢献しているか、その輪郭が明らかになってきたかと思います。

　各社の事例からもわかるとおり、ファーストフォロワーとつくる価値は、企業にとって想定の範囲外にあり、コントロール不可能なものです。そのため、**顧客をコントロールしようとしたり、顧客の意見に盲目的に従ったりするのでもなく、共に伴走しながら価値をつくるプロセス自体をどうマネジメントすることが重要なのです。**

　ファーストフォロワーは製品・サービスを応援しているファンですが、彼ら自身の目的は必ずしもビジネスの成長とは限りません。ファーストフォロワーが貢献する目的はさまざまです。それは、PostCoffee においては「いろいろなコーヒーを試したい」、ヤッホーブルーイングにおいては「クラフトビール好きと交流したい」という欲求として現れていました。そこにはファーストフォロワーにとって、そのサービスでしか得られない価値があるからです。

　その価値を享受するために、私たちはファーストフォロワーが発揮するクリエイティビティに着目する必要があります。ファーストフォロワーは、常に自身にとって価値ある体験を受け取るために、さまざまなクリエイティビティを発揮します。

　それは SNS のクチコミやコンテンツに留まらず、ファンどうしが交流するイベントでの会話や振る舞い、カスタマーサポートに寄せられる声も

含めてファーストフォロワーが発揮しているクリエイティビティです。そして、それらは必ずしも製品・サービス単体に向けられたものではなく、取り巻くカルチャーそのものを形づくっていくことへとつながります。

## カルチャーの語源としての「colere」

私たちが日常的に「文化」という言葉で訳している「カルチャー(culture)」は、「耕す」を意味するラテン語「colere」が由来となっているそうです。これは土地を耕すという意味で用いられ、英語になって「心を耕すこと」という意味で用いられるようになり、そこから「教養」「文化」といった意味が出来上がっていったといいます。カルチャーは常に生まれたり、発展したりしていくものです。ファーストフォロワーの生み出すクリエイティビティは、サービスへ貢献すると同時に、サービスを取り巻くカルチャーを形成します。

各社の事例にもそれぞれのカルチャーが存在し、ファーストフォロワーが中心となって、そのカルチャーが育まれる過程でサービスに共感する顧客がファンになっています。

たとえば、ポケマルで農作物を購入した消費者は生産者と対話をするという全く新しい体験を通して、生産者と消費者が対話をしながら、食習慣を充実させるカルチャーを育んでいますし、snaq.meにおいてもおやつ体験という日常を、充実させるカルチャーを育んでいます。

ファーストフォロワーが生み出しているクリエイティビティは、結果的にこのようなサービスを取り巻く生活者の行動様式そのものをかたちづくることに貢献しています。これらのクリエイティビティは、一定の行動様式が形成される土壌を耕す鍬の担い手として、ファーストフォロワーが存在しているのです。

## 「受け手のクリエイティビティ」への着目

インターネットの創造から現代の SNS の普及に至るまでの一連の流れは、一般の生活者が鍬を手に取る機会を提供し、クリエイティビティの担い手となるための環境を整えてきました。

本書の冒頭で紹介した『How to start a movement』の動画にある通り、このような世界において、これらのクリエイティビティをリードしているのは、必ずしも限られた一部の事業者やクリエイターだけではありません。そのサービスに最も近いファーストフォロワーもそのクリエイティビティの担い手となっていくのです。

その際に着目すべきなのは、これまでの一部の企業・クリエイターによる発信者が表現してきた「送り手のクリエイティビティ」と対をなす「受け手のクリエイティビティ」であると考えます。情報や体験を受け取った複数の受け手がクリエイティビティを発揮し、それらがきっかけとなって徐々に1つのカルチャーとして形成される、その環境が整ったのが現代といえます。

そのとき企業ができるのは、全ての顧客を自社の都合でコントロールしようとするのではなく、ファーストフォロワーと共に鍬を携え、サービス独自のカルチャーが育まれる環境を整えていくことで、愛されるサービスへと成長させていくことなのです。

# 参 考 文 献

◉ 『コ・イノベーション経営』C・K・プラハラード著／ベンカト・ラマスワミ著／一條 和生解説／有賀 裕子訳（2013年、東洋経済新報社）

◉ 『経験価値マーケティング』バーンド・H・シュミット著／嶋村 和恵訳／広瀬 盛一訳（2000年、ダイヤモンド社）

◉ 『経験価値マネジメント』バーンド・H・シュミット著／嶋村 和恵訳（2004年、ダイヤモンド社）

◉ 『サービス・ドミナント・ロジックの発想と応用』R・F・ラッシュ著／S・L・バーゴ著／井上 崇通訳（2016年、同文舘出版）

◉ 『最高の集い方』プリヤ・パーカー著／関 美和訳（2019年、プレジデント社）

◉ 『新規事業を成功させる PMF（プロダクトマーケットフィット）の教科書』栗原 康太著（2022年、翔泳社）

◉ 『ぷしゅ よなよなエールがお世話になります』井手 直行著（2016年、東洋経済新報社）

◉ 『18年連続増収を導いた ヤッホーとファンたちとの全仕事』佐藤 潤著（2021年、日経BP）

◉ 『山の上のパン屋に人が集まるわけ』平田 はる香著（2023年、ライツ社）

◉ 『ものがたりのあるものづくり ファクトリエが起こす「服」革命』山田 敏夫著（2018年、日経BP）

# おわりに

最後までお読みいただきありがとうございます。

本書ではサービスにとっての「ファーストフォロワー」の存在に着目し、ファーストフォロワーが価値を「見つける」・「伝える」それぞれのプロセスでどのように価値をつくってきたかを解説してきました。

本書の冒頭で記載したとおり、各社の事例には共通する手法は見られるものの、各サービスの特性を生かした、各社ならではの方法でファーストフォロワーとの取り組みが行われていることが見えてきたと思います。

本書は掲載した事例をそのまま自社に転用すればファンが生まれるというものではありません。手法を参考としながらも、顧客にとっての自社ならではの価値は何なのかということを絶えず問い続けていくことが、自社ならではのファーストフォロワーとの取り組みそのものなのです。

マーケティングには再現性が不可欠というのが通例です。一連のマーケティング活動によって顧客を再生産し、継続的に売上をあげていくことが企業活動にとっては欠かせません。

しかし、本書でご紹介した各社の事例は、その瞬間その場所だからこそ成り立っており、同時にサービスの主体者として誰がそこに関わっているかによって成果が大きく変わります。

つまり、本書を手に取っていただいている皆様自身がファーストフォロワーを生み出すための、今ここにしかない原動力なのです。

ファンに目を向けた活動をご支援していると、「ファンと向き合うために、まず何から始めたらいいですか？」と聞かれることがよくあります。そのたびに私は「まずファンに会ってみましょう」と提案しています。

　ファンに会うことから多くのヒントを得られ、それがサービスにとっての財産になります。まずその第一歩を踏み出すことが何より重要です。

　本書の執筆にあたり、大変多くの方にご協力をいただきました。

　今回取材をさせていただいた12社の企業様をはじめ、トライバルメディアハウスの社員・卒業生の皆さん、そして、「ファーストフォロワー」という考えが読者へ伝わるように寄り添っていただいた翔泳社の多田様にこの場を借りて感謝を申し上げます。

　最後に、本書をきっかけに読者の皆さんが自身のサービスを最も近くで応援してくれているファーストフォロワーに目を向けるきっかけができればこれ以上の喜びはありません。

　あなたを応援してくれている人は、きっと一番近くにいます。

2024年2月　高橋 遼

# 索引

## ●や・ら・わ行

| 著者プロフィール

## 高橋 遼 （たかはし・りょう）

1983年生まれ。2010年株式会社トライバルメディアハウス入社。ファンを軸とした
マーケティング戦略・実行に従事し、これまでに航空会社、ファッションブランド、ス
ポーツブランド、化粧品ブランド、飲料メーカーなどを担当。著書に『熱狂顧客戦略』
（翔泳社）。

Webサイト　https://www.tribalmedia.co.jp/

ブックデザイン　　　沢田幸平（happeace）
DTP　　　　　　　株式会社 明昌堂


# ファーストフォロワーのつくりかた

事例で学ぶ「製品・サービスの価値をファンと共に
生み出す」ためのマーケティング

2024年3月19日　初版第1刷発行


著者　　　　　　　トライバルメディアハウス 高橋　遼
発行人　　　　　　佐々木 幹夫
発行所　　　　　　株式会社 翔泳社（https://www.shoeisha.co.jp/）
印刷・製本　　　　株式会社 ワコー